Dr. Michael Lohmann

Das praktische
IGEL-BUCH

Verhalten
Nahrung
Krankheiten
Schutz
Hilfe
Pflege
Überwintern

blv

Der Autor dankt der erfahrenen
»Igelmutter« Marianne Pietsch
für wertvolle Hinweise und
Fallbeispiele sowie Frau Barbara Zellin
von der Igelhilfe e. V. für kritische
Durchsicht des Manuskriptes

Inhalt

Aus dem Leben der Igel

Igel sind putzige Tierchen, Igel sind Raubtiere, Igel sind schlau, Igel sind Schädlinge, Igel sind Verkehrssünder, Igel sind eine bedrohte Tierart ... Die Meinungen, Vorurteile, Sagen rund um den Igel sind vielfältig und widersprüchlich wie bei kaum einem anderen Tier.

In früheren Zeiten grassierten noch viel haarsträubendere Geschichten. Über Jahrhunderte hielt sich etwa die Behauptung des römischen Dichters Plinius der Ältere (24–79 n. Chr.), wonach Igel sich auf den Rücken rollen, um Fallobst mit ihren Stacheln aufzuspießen und in ihr Nest zu tragen. (Was nur zeigt, dass Fantasie oder Gutgläubigkeit in der Naturkunde kein Ersatz für genaue Beobachtung sind.)

Bis in unsere Tage kursiert auch die Mähr, es gäbe zwei Arten von Igeln, den stumpfnasigen Hundsigel und den spitznasigen Schweinsigel (in Norddeutschland Swinigel genannt). Immerhin beruht diese Ansicht auf Beobachtung, wenn auch auf unzulänglicher. Dass nämlich der verschreckte Igel mit gesträubten Stacheln und zurückgezogenem Kopf sich wenig später wieder in den beruhigten Igel mit angelegten Stacheln und ausgestreckter Schnauze verwandelt, das ist den Erfindern der Mähr offenbar entgangen. (Man kann sich vorstellen, wie viel länger es gedauert hat, bis

△ Verschreckte oder aggressive Igel wirken »hundsnasig«,

▽ ... entspannte oder neugierige Igel wirken »schweinsnasig«.

man Kaulquappe und Frosch, Raupe und Schmetterling nicht als verschiedene Arten, sondern als Entwicklungsstadien erkannt hat.)

Auf einem anderen Blatt (dem der scheinheiligen Verdrehung von Tatsachen) steht die Tatsache, dass im Mittelalter der Igel als Fastenspeise galt, aufgrund der ebenso falschen wie verqueren Behauptung, er ernähre sich nur von Kräutern und Wurzeln. Als ob das andere Fleischlieferanten nicht täten.

Dass der Igel ein »Raubtier« sei, bedarf allerdings differenzierender Betrachtung. Die Bezeichnung spricht ja Bände. Räuber sind immerhin Kriminelle, die Anderen etwas wegnehmen. Darum nennt der Mensch nur solche Fleischfresser Raubtiere, die ihm bei seinen eigenen Raubzügen dann und wann in die Quere kommen. Der moderne Zoologe verwendet daher die wertneutralen Bezeichnungen Karnivoren (Fleischfresser), zu denen auch Aaskäfer und Amseln zählen, oder Beutegreifer für Tiere, die größere, lebende Beute bevorzugen.

Dass der Igel ein Fleischfresser ist, geht schon aus seiner zoologischen Zuordnung zu den Insectivora (Insektenfresser) hervor, wo er sich in Gesellschaft von Maulwürfen und Spitzmäusen befindet. Natürlich leben weder die einen noch die anderen nur von Insekten. Spitzmäuse holen sich zum Beispiel ganz gerne junge Vögel aus dem Nest. Was Igel auf ihren nächtlichen Beutezügen so alles treiben, ist merkwürdigerweise noch immer umstritten. Unzweifelhaft ist, dass sich der Stachelträger im Garten durch das Vertilgen von Schnecken, Engerlingen, Raupen und Würmern überwiegend nützlich macht.

Leider kann ich aber auch nicht verschweigen, dass ein zunächst geheimnisvolles »Raubtier« Nacht für Nacht meiner frei herumstreifenden Glucke ein Küken nach dem andern klaute. Ich traute meinen Augen nicht, als ich im Schein einer Taschenlampe eines Nachts einen Igel mit einem Küken in seinem Schweineschnäuzchen gemütlich im Schuppen das Weite suchen sah. Offenbar gibt es auch unter Igeln Spezialisten, die sie bei Gelegenheit zu »Dieben« werden lassen. Zur regelmäßigen Kost des Igels gehören junge Vögel sicher nicht. Man wird ihn also weiterhin weder als Raubtier noch als Beutegreifer bezeichnen können – eben-

Als Fleischfresser machen sich Igel bei Gelegenheit auch über junge Mäuse oder Vögel her.

so wenig wie andere Kleintierfresser, von der Kröte bis zur Fledermaus, vom Frosch bis zum Rotkehlchen.

Herkunft und Verwandtschaft

Die Familie der Igel (Erinaceidae) gehört, wie schon gesagt, der Ordnung der Insektenfresser (Insectivora) an. Igel sind also weitläufig mit den Sippschaften der Maulwürfe und Spitzmäuse sowie einigen exotischen Familien, wie Goldmullen, Otterspitzmäusen, Rüsselspringern, Schlitzrüsslern und Tanreks verwandt. Igel kommen in Europa, Afrika und Asien vor, fehlen also in Amerika und Australien. In diesem großen Verbreitungsgebiet haben sich zwei Unterfamilien herausgebildet, die stachellosen Ratten- oder Haarigel und die Echten oder Stacheligel. Letztere gliedern sich wiederum in 5 Gattungen, von denen eine die der Kleinohrigel ist, zu denen unser Europäischer oder Braunbrustigel gehört.

Ob unsere Igel mit ihrer braunen oder grauen Unterseite und ihrem dunkleren Brustfleck sich vom unterseits helleren, in Osteuropa und Vorderasien lebenden Weißbrustigel als eigene Art oder nur als Rasse unterscheiden, ist umstritten, da es in den Überschneidungsgebieten allerlei Mischlinge gibt. Im Übrigen leben auf den Balearen und an der spanischen Mittelmeerküste Ab-

kömmlinge des in Nordafrika beheimateten Algerischen Igels; man nennt sie Wanderigel. Sie sind deutlich hochbeiniger, spitzschnauziger und heller, außerdem sind ihre Ohren besser zu sehen.

Die Igel – die mit den zu den Nagetieren zählenden Stachelschweinen außer den Stacheln wenig gemein haben – gehören zu den ältesten Säugetieren. In der Grube Messel bei Darmstadt fand man ein stacheltragendes Säugetier von Rattengröße, dessen Alter man auf 50 Millionen Jahre geschätzt hat. Mit Sicherheit steht der Stamm der Insektivoren an der Basis aller höheren Säugetiere. In ihrer heutigen Form lebten Igel bereits vor 15 Millionen Jahren. Das zeugt von einer sehr erfolgreichen »Produktlinie«. Ob das

Igel sind mit Spitzmäusen (auf dem Foto eine Wasserspitzmaus) und Maulwürfen verwandt, auch wenn man es ihnen nicht gleich ansieht.

Modell Mensch es jemals auf eine ähnlich erfolgreiche Laufzeit bringen wird, muss angesichts unseres wenig pflegsamen Umgangs mit den Lebensgrundlagen doch stark bezweifelt werden. So könnte am Ende das Märchen von Hase und Igel zu einem beschämenden Symbol für den Wettlauf des Menschen mit seinen bescheideneren Lebensgenossen werden.

Strukturreiche, extensiv genutzte Landschaften mit vernetzten Hecken, Rainen, Waldrändern und Feldgehölzen sind ideale Igel-Lebensräume.

Verbreitung und Lebensräume

Unser heimischer Igel ist von der portugiesischen und britischen Atlantikküste über Skandinavien bis nach Mittelrussland verbreitet. Und wenn man die Sache mit der braunen und weißen Brust nicht so ernst nimmt, dann erstreckt sich seine Heimat über Südosteuropa bis nach Vorderasien.

In diesem ausgedehnten Areal bewohnt der Igel kleinräumig abwechslungsreiche, nicht zu nasse Landschaften mit Gebüsch und Laubbäumen, Brachflächen mit Staudendickichten und offenen, kurzrasigen Flächen, auch steinige bis felsige Orte, in denen er sein gutes Klettervermögen unter Beweis stellen kann. In den Alpen findet man Igel bis in eine Höhe von 2000 m.

Da sowohl die intensiv genutzten, vielfach baum- und strauchlosen Landwirtschaftsflächen als auch die Nadelholz-Monokulturen der Forstwirtschaft den Nahrungs- und Versteckbedürfnissen des Igels in keiner Weise gerecht werden, haben sich die Tiere in weiten Teilen Europas ganz auf die durchgrünten Randbereiche der Dörfer und Städte zurückgezogen. Leider tragen aber allzu säuberliche Gärten, zu viele unüberwindbare Zäune und Betonschwellen sowie lebensgefährliche Straßen dazu bei, dass unsere Freunde auch hier nicht gerade im Paradies leben.

Im Allgemeinen sind Igel sehr standorttreu. Das kann ihnen überall dort zum Verhängnis werden, wo in der Kulturlandschaft verinselte Kleinpopulationen leben, abgeschnitten von anderen Populationen. Ohne Zuwanderung fehlt der für eine gesunde und widerstandsfähige Population nötige Genaustausch. Und wenn die Zahl der Einzeltiere unter eine bestimmte Schwelle absinkt, sei es durch Nahrungsmangel, durch Krankheiten oder durch Verluste aller Art (heute vor allem Verkehrsopfer), so besteht die Gefahr des völligen Erlöschens einer Kleingruppe. Eine natürliche Wiederbesiedlung solch isolierter Lebensräume ist oft gar nicht oder erst nach vielen Jahren möglich.

Zu ihrem Glück sind Igel aber nicht nur standorttreu, sondern auch gute Läufer. Besonders die Aktionsräume der Männchen sind oft erstaunlich groß. Sie durchstreifen Flächen bis zu einer Größe von 100 Hektar, das ist immerhin ein Geviert mit einer Kantenlänge von einem Kilometer. Die Weibchen begnügen sich in der Regel mit kleineren Revieren von 30 Hektar oder weniger. Daraus lässt sich errechnen, wie groß in einer igelfreundlichen Landschaft die maximalen Abstände zwischen igeltauglichen Lebensräumen sein sollten. Monotone Nadelforste oder Agrarflächen mit einer Ausdehnung von mehr als 1000 m stellen selbst für wanderfreudige Igelmännchen eine fast unüberwindliche Barriere dar. Für Weibchen sind schon Kulturwüsten von mehr als 500 m Ausdehnung unter gewöhnlichen Bedingungen ein Grund zu verzagen. Freilich muss man annehmen, dass Igel, wie fast alle Tiere, unter ungewöhnlicheren Bedingungen auch zu ungewöhnlichen Leistungen fähig sind. Wird etwa in einem Lebensraum die Nahrung knapp, findet sich kein Geschlechtspartner, oder wird es durch Vermehrung eng, so verlassen auch Igel ihre Heimat. Das Auswandern hat aber auch nur dann Aussichten auf Erfolg, wenn unterwegs wenigstens ein Minimum an Wegzehrung geboten ist und die Gefahren für Leib und Leben sich in Grenzen halten. Schon ein Netz von unbewirtschafteten Wegrändern, Bahndämmen, Uferstreifen, Hecken und Feldgehölzen kann den Igeln – und nicht nur den Igeln! – ein Schicksal im »Gefängnis« isolierter Lebensräume oder gar den Tod ersparen.

Naturnahe Wegränder und andere Randstrukturen können verinselte Lebensräume miteinander verbinden.

Anatomie und Sinnesleistungen

Erwachsene Igel erreichen eine Kopf-Rumpf-Länge von 25–30 cm, ihr spärlich behaarter Schwanz misst nur 2–3 cm. Damit gehören unsere Stacheltiere zu den größten lebenden Vertretern der Insektenfresser. Größer ist nur der in Südostasien beheimatete, stachellose Große Rattenigel, der ohne seinen langen nackten Schwanz bis 40 cm lang wird. Auf die Waage bringen unsere Igel 800–1300 g, wobei es zwischen Männchen und Weibchen keine eindeutigen Größenunterschiede gibt. Gelegentlich findet man im Herbst Igel mit einem so stattlichen Fettvorrat, dass sie sogar bis 1,5 kg wiegen können.

Mit aufgestellten Stacheln wirken Igel größer und bedrohlich, besonders im Herbst kann man aber auch richtige »Schwergewichte« mit entsprechendem Fettvorrat finden.

Wie alle Vertreter der Insectivora sind die Kiefer der Igel mit 36 kleinen spitzen Zähnen besetzt, die zum Ergreifen und Zerkleinern von hartschaligen Insekten ebenso wie von weichhäutigen Würmern und Insektenlarven geeignet sind. Ob sie damit auch Hühnereier knacken können, ist zwar heftig umstritten, aber in der Regel unmöglich: Sein Maul ist dafür zu klein, das Ei rollt davon. Kleinere, zartschaligere Vogeleier dürften für sie kaum ein Problem sein – außer dem ihrer Erreichbarkeit.

Mit der Frage, welche Eigenschaft der Igel mit Bären, Affen und Menschen gemeinsam hat, können Sie wahrscheinlich sogar studierte Biologen hereinlegen: Sie gehören alle zu den Sohlengängern, also zu den Säugetieren, die bei der Fortbewegung die gesamte Fuß- und gegebenenfalls Handfläche aufsetzen. Die meisten anderen Tiere gehen ja sozusagen auf den Zehen- beziehungsweise Fingerspitzen, was zum Erreichen höherer Geschwindigkeiten von Vorteil ist.

Das auffallendste und originellste Merkmal der Igel ist zweifellos ihr Stachelkleid. Es handelt sich bei den Stacheln um umgebildete Haare. Bei der Geburt sind die relativ kurzen Stacheln noch weich und ganz in die wie aufgequollen wirkende Rückenhaut eingebettet, sodass es zu keinen Verletzungen der Geburtswege kommen kann. Die erste Stachelgarnitur ist einheitlich hell, weiß bis hornfarben. Schon im

Verlauf der ersten beiden Lebens-
wochen wachsen aber zwischen
den weißen immer mehr braune
Stacheln, die das typische Muster
mit heller Spitze, darauf folgender
dunkler Zone und anschließend
wieder hellerer Basis aufweisen.
Neben den gewöhnlich gefärbten
Igeln findet man häufiger als bei
anderen Tierarten auch Albinos,
ganz weiße, pigmentlose Individu-
en mit roten Augen. Durch ihre
nächtliche Lebensweise und ihre
widerborstige Ausrüstung wirkt sich
offenbar der stärkere Feinddruck,
dem Albinos gewöhnlich ausgesetzt sind, bei weißen Igeln weniger
nachteilig aus.

Anfangs stehen die Stacheln noch
nicht so dicht wie später. Natürlich
hat man sie auch gezählt und her-
ausgefunden, dass Igelbabys mit etwa 100 Stacheln zur Welt kommen,
es aber schon nach 5 Wochen auf

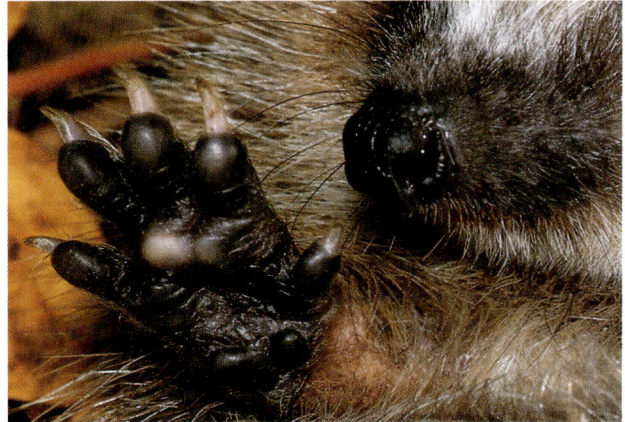

rund 2000 bringen. Ein ausgewach-
sener Igel trägt auf seinem Kopf und
Rücken 5000–7000 Stacheln. Gesicht, Flanken und Bauch des Igels
sind von einem ganz gewöhnlichen
Haarkleid bedeckt, einem allerdings etwas struppig-borstigen Fell,
das wie bei anderen Tiere auch der
Körperisolierung dient.

△ **Igel gehören zu den
wenigen Tieren, die wie
der Mensch auf der
ganzen Sohle laufen.**

**Igelstacheln sind gewöhnlich an Basis
und Spitze hell, dazwischen dunkel.**

**Igelbabys kommen mit wenigen,
ganz hellen Stacheln zur Welt.**

Geruch und Gehör sind die wichtigsten Sinnesorgane des Igels.

▽ **Von unten kann man die Geschlechter der Igel unterscheiden: Was wie ein Bauchnabel aussieht, ist die Geschlechtsöffnung des Männchens.**

Die Waffen des Igels wären von geringem Nutzen, wenn es nicht auch einen Mechanismus gäbe, der sie in kürzester Zeit gefechtsbereit machen könnte. Rund um den Rücken verläuft ein kräftiger Muskel, der den ganzen Igelkörper zusammenzieht, dabei die Stacheln aufstellt und die verwundbaren Körperteile unter der Stachelhaube verbirgt. Meist begnügt sich der Igel anfangs nur mit einem Einziehen des Kopfes beziehungsweise mit dem Aufstellen der Stachelhaube des Kopfes. Fast zu einer Kugel rollt er sich erst dann zusammen, wenn der Angreifer tätlich wird.

Die Geschlechter sind beim Igel nicht ohne weiteres zu unterscheiden, auch wenn, wie gesagt, die Männchen in der Regel größer und schwerer sind als die Weibchen.

Um es genau zu wissen, muss man die Tiere bauchseitig inspizieren. Beide Geschlechter weisen 2 Reihen zu je 5 Zitzen auf. Beim Weibchen sind sie nur zur Zeit des Säugens vergrößert. Die Geschlechtsöffnung der Männchen liegt etwas hinter der Mitte der Unterseite und kann in ihrer knopfförmigen, hautigen Ausbildung für den Nabel gehalten werden. Die Geschlechtsöffnung der Weibchen liegt viel weiter hinten, unmittelbar vor dem After; ihre Bauchmitte ist glatt und weist kein nabelartiges Gebilde auf.

Unter den Sinnesorganen stehen Geruch und Geschmack wohl an oberster Stelle. Als Dämmerungs- und Nachttiere müssen sich Igel bei der Nahrungssuche hauptsächlich auf ihre Nase verlassen. Außerdem besitzen sie in einer Nebenhöhle der Nasenhöhle ein so genanntes Jacobsonsches Organ, eine den Vögeln und Primaten fehlende, sonst aber bis zu den Reptilien weit verbreitete Spezialisierung des Geruchsorgans, das über einen Gang mit dem hinteren Gaumen verbunden ist. Es dient beim Igel und seinen Verwandten offenbar der ergänzenden geschmacklichen Beurteilung von Nahrung, die bereits aufgenommen wurde.

Im Zusammenhang mit der Funktion dieses Sinnesorgans steht eine merkwürdige Verhaltensweise der Igel. Stößt einer auf einen unbekannten, aber möglicherweise nahrhaften Stoff, so beriecht und bekaut er ihn zunächst ausgiebig, wobei sich große Mengen schaumigen Speichels bilden. Ist die Prüfung abgeschlossen, wird der Speichelschaum mit herausgeschleuderter Zunge und unter grotesken Kopfverrenkungen auf den Rücken geschleudert. Man nimmt an, dass dies der Reinigung der Geschmacks- und Geruchszellen dient, sodass sie zur Prüfung neuer Stoffe wieder bereit sind.

An Leistungsfähigkeit steht das Gehör der Nase nur wenig nach. Die Wahrnehmung leisester Geräusche, wie sie Kleintiere durch ihre Fortbewegung erzeugen, dienen genauso zum Aufstöbern von Beute wie der Geruchssinn. Ähnlich wie die relativ nah verwandten Fledermäuse können Igel auch Frequenzen bis weit in den Ultraschallbereich hinein hören. Laute Geräusche empfinden Igel nicht unbedingt als störend. Beim Knipsen eines Feuerzeugs oder dem Auslösen

Die merkwürdige Gewohnheit, sich zu bespeicheln, ist kein Anlass für Sorge.

eines Fotoapparats reagieren sie aber mit schreckhaftem Zusammenzucken oder sogar Einrollen, da diese Geräusche einen hohen Ultraschallanteil haben.

Recht schwach entwickelt ist das Sehvermögen des Stachelträgers. Seine Beutetiere findet er mit der Nase und den Ohren, und um seinen Feinden zu entkommen, genügt es, ihren Schatten wahrnehmen und sich blitzschnell zusammenrollen zu können. Man hat blinde Igel gefunden, die sich gut zurechtfanden und sogar Junge geführt haben.

Der Tastsinn spielt vor allem im Gebrauch der langen Barthaare eine Rolle, die ihm ebenso wie die Haare der Körperseiten seitliche Hindernisse signalisieren und wohl auch bei der Nahrungssuche mitwirken. Als ein mit breiter Sohle dem Boden verbundener gemächlicher Nachtwanderer nimmt der Igel selbstverständlich auch Vibrationen des Bodens wahr, wie sie beim Herannahen eines Feindes oder eines Autos verursacht werden. Leider nützt seine Reaktion darauf, das Einrollen, gar nichts, wenn der polternde Feind ein Fahrzeug ist.

Die Barthaare helfen dem Igel, Hindernisse und Beute zu ertasten.

Verhalten

Igel sind Einzelgänger. Ihre Sozial-
kontakte beschränken sich daher
auf das biologisch Notwendige, auf
Begattung und Jungenaufzucht. Im
Mai/Juni und manchmal noch einmal im August werden die Igel-
weibchen läufig. Das scheint sich
in der Männerwelt auf geheimnisvolle Weise herumzusprechen,
denn die gewöhnlich einzeln lebenden Igelmännchen machen sich
dann oft über große Entfernungen
auf den Weg, um ein Weibchen zu
finden. Stoßen sie auf die Düfte eines Weibchenreviers, dauert es
auch nicht lang, bis sie das Ziel ihrer anstrengenden Wanderung auf-
gestöbert haben.

Wie bei vielen Tieren muss das
Männchen nun zunächst die inner-
artliche Aggression, den Trieb zur
Verteidigung des Nahrungsreviers
überwinden. Es bedient sich dazu
einer denkbar einfachen Methode,
indem es das störrische Ziel seiner
Wünsche mit großer Ausdauer um-
kreist; eine Paarungszeremonie, die
man auch »Igelkarussell« nennt.
Lange zeigt sich die so Umworbene
widerborstig und boxt den Ein-
dringling in typischer Igelmanier
mit aufgestellten Kopfstacheln fort,

**Das Paarungsspiel der Igel beginnt
mit einer gemächlichen Verfolgungs-
jagd im Kreis (»Igelkarussell«), die
Begattung (unten) findet in der üblichen Weise statt.**

wenn er ihr zu nahe kommt. Was schließlich den Sinneswandel erzeugt, Gewöhnung oder Schwindel, Erregung oder Langeweile – wir wissen es nicht. Jedenfalls obsiegt irgendwann die »Pflicht« zur Arterhaltung und es kommt zur Paarung. Sie vollzieht sich – im Gegensatz zu vielerlei Spekulationen – in der bei den meisten Tieren üblichen Art und Weise. Offenbar kann das Weibchen sein Hinterteil im entscheidenden Moment so hochrecken, dass das Männchen unbeschadet die Begattung vollziehen kann, die sich mit kurzen Pausen über einen Zeitraum von 1 Stunde hinziehen kann. Danach bleibt das Paar manchmal noch längere Zeit zusammen, aber spätestens kurz vor der Geburt verbeißt das Weibchen das Männchen, da dieses für die Jungen eine Gefahr bedeutet: Der Vater würde die Jungen möglicherweise auffressen.

Etwa 35 Tage nach der Begattung kommen die Jungen zur Welt. Das Weibchen baut dazu etwa 1 Tag vor der Niederkunft ein großes, weich gepolstertes »Babynest«. Das Material dazu – trockenes Gras, altes Laub, Moos und dergleichen – wird natürlich nicht, wie manchmal behauptet, mit den Stacheln aufgespießt und eingetragen, sondern mit der Schnauze. Bevorzugte Standorte für die Kinderstube sind regengeschützte Unterstände in hohlen Bäumen und Reisighaufen, unter Wurzelstöcken oder Holz-

Im Durchschnitt wirft das Weibchen 5 Junge.

Bis zu 6 Wochen werden die Jungen gesäugt.

stößen, in Schuppen, unter Dachüberständen und auch unter großen Steinen. Gerne werden auch entsprechend hergerichtete Verstecke angenommen.

Die Zahl der Jungen liegt im Durchschnitt bei 5, gelegentlich werden auch 2–10 Babies geboren. Die Jungen kommen mit geschlossenen Augen und Ohren zur Welt, sind also echte »Nesthocker«, was bei den Säugetieren (im Gegensatz zu den Vögeln) ein Zeichen von geringer Entwicklungshöhe ist. Bereits wenige Tage nach der Geburt können sie hören. Zwischen dem 14. und 18. Lebenstag öffnen sich die Augen, ab der 3. Lebenswoche verlassen die Kleinen für kurze Ausflüge mit der Mutter des Nest. Dabei versuchen sie, hinter der Mutter her trippelnd, auch schon selbst Nahrung aufzuspüren

und zu verspeisen. Die Igelmutter ist ihnen dabei allerdings in keiner Weise behilflich, führt sie allenfalls an gute Futterplätze. Verhungern müssen sie in ihrer Unerfahrenheit aber nicht, da sie noch bis zur 6. Lebenswoche regelmäßig gesäugt werden. Im Alter von etwa 2 Mona-

Ein gutes Versteck als Kinderstube ist Voraussetzung dafür, dass die Jungen ihre gefährdete Kindheit überleben.

Von der 3.–6. Woche folgen die Jungen ihrer Mutter auf deren Ausflüge und lernen dabei, selbst nach Nahrung zu suchen.

ten sind die jungen Igel mit einem Körpergewicht von 200–250 g selbstständig und verlassen dann auch bald das Revier der Mutter.

In warmen Gegenden, wo der erste Wurf schon Ende Mai, Anfang Juni zur Welt kommt, kann im August ein zweiter Wurf folgen. Das ist aber in Mitteleuropa nicht die Regel. Wenn hier im Herbst Jungigel gefunden werden, dann handelt es sich meist um Ersatz für einen verlorenen Wurf. Die Überlebenschancen so spät im Jahr geborener Igel sind in unserem Klima gering. Wir kommen darauf zurück (S. 25). Die Paarungszeit der Igel ist auch die Zeit, in der sie am stimmfreudigsten sind. Über die gesamte Aktivitätsperiode kann man aber auch von einzelnen Igeln zum Beispiel schnaufend-fauchende bis schnar-

chende Geräusche vernehmen, die ausdrücken, dass sie sich gestört, aber nicht bedroht fühlen. Etwas dezenter schnaufen Igel beim Erkunden fremder Gegenstände oder Umgebungen.

Bei Gefahr, aber auch beim Paarungsspiel fauchen, puffen und tuckern sie wie eine Dampfmaschine. Geraten Igel wirklich in Not, können sie laut und durchdringend kreischen. In ihrem Igelbuch beschreibt Helga Fritzsche, wie einer ihrer Zöglinge auch dann »markerschütternd« schrie, wenn das bereits gerochene Futter nicht sogleich erreichbar war. Ein Schrei ärgerlicher Enttäuschung also. Wenn sich Igel in die Quere kommen, etwa an einer Futterstelle, lassen sie ein lautes, offenbar aggressionsgetöntes Keckern hören. Leise blub-

bernde und fiepende Geräusche machen Igel in freudiger Erregung, wenn es etwas zu Essen gibt. Von hungrigen oder die Mutter suchenden Jungigeln hört man ein kurzes, wiederholtes Fiepen, von spielenden Jungen zwitschernde Laute, die an Vögel erinnern.

Von so urtümlichen Tieren wie dem Igel sollte man ein ziemlich starres Verhaltensinventar erwarten, geringe Flexibilität durch Lernen. Offenbar haben sie aber in ihrer millionenjährigen Entwicklung zwar ihr Äußeres wenig verändert, jedoch an den Fähigkeiten ihres Großhirns gearbeitet. Denn Igel sind durchaus lernfähig, können sich auf neue Situationen einstellen, sind in ihrem Verhalten erstaunlich flexibel – natürlich in Grenzen.

Besonders gut entwickelt ist bei Igeln die Fähigkeit, sich in ihrem Lebensraum zu orientieren. Im Laufe ihres mehrjährigen Lebens (in Gefangenschaft werden Igel mindestens 10 Jahre alt) prägen sie sich die Topografie nicht nur ihres engeren Reviers, sondern auch die ihres ausgedehnteren Jagdgebietes so gut ein, dass sie zielsicher Nahrungsquellen, Durchschlupfmöglichkeiten und natürlich ihre Tagesverstecke, ihre Kinderstuben oder ihre Winternester ansteuern können und Hindernisse oder Gefahrenquellen zu vermeiden lernen.

Ziemlich rasch lernen Igel auch zwischen Freund und Feind zu unterscheiden. In Obhut genommene Igel gewöhnen sich meist innerhalb kurzer Zeit an den oder die Menschen und werden oft nach einiger Weile durchaus zutraulich. Längere Zeit in einer Wohnung gehaltene Igel, denen gestattet wird frei herumzulaufen, lernen erlaubte von verbotenen Türen zu unterscheiden. Offenbar können sie auch verschiedene Menschen an Geruch und Stimme unterscheiden lernen und verhalten sich gegenüber fremden Menschen, Hunden und Katzen deutlich scheuer als gegenüber vertrauten.

Auch an zunächst Schrecken einflößende Geräusche können sie sich gewöhnen, wenn sie erfahren, dass sie harmlos sind.

Die Körperpflege bereitet Igeln begreiflicherweise Probleme – ein Grund, warum sie sehr unter Parasiten leiden. Sie lecken oder putzen sich nicht wie viele Säugetiere und Vögel, sondern beschränken sich auf Kratzen und Stachelschütteln. Besonders nach dem Aufwachen am Abend kratzt sich der Igel gerne ausgiebig, mal mit dem einen, mal mit dem anderen Hinterbein. Dabei erreicht er nicht nur die behaarten Körperstellen, sondern kratzt sich auch unter allerlei Verrenkungen zwischen den Stacheln.

Höchst bemerkenswert ist die Eigenart der Igel, einen Winterschlaf zu halten. Da Winterschlaf ein Zeichen unvollkommener Temperaturregulation und damit Hinweis auf

Obwohl Igel nicht zu den hoch entwickelten Tieren gehören, ist ihr Verhalten erstaunlich flexibel, sie sind bemerkenswert lernfähig.

eine niedrige Evolutionsstufe ist, zeigt dies, dass Igel sogar innerhalb der ohnehin »primitiven« Gruppe der Insektivoren zu den besonders altertümlichen Gattungen gehören; denn kein anderer heute lebender Vertreter der Gruppe hält ebenfalls Winterschlaf. Dafür tritt er da und dort bei höher entwickelten Gruppen auf, bei Fledermäusen und einigen Nagetieren (Siebenschläfer u.a.), alles Arten, die ohnehin niedrigere und von der Umwelt beeinflusste Wachtemperaturen aufweisen.

Der Winterschlaf liegt, entwicklungsgeschichtlich gesehen, zwischen der Winterstarre wechselwar-

Igel suchen sich für die kalte Jahreszeit ein Versteck, in dem sie ihren Winterschlaf halten können.

mer Tiere (Wirbellose, Fische, Amphibien, Reptilien) und der durch Aktivitäts- und Fressphasen unterbrochenen Winterruhe höher entwickelter Säugetiere, wie Bären, Dachse, Eichhörnchen, Hamster und Murmeltiere. Winterschläfer wie unser Igel müssen sich im Herbst ein ordentliches Fettpolster zulegen, damit sie die Wintermonate ohne Nahrungsaufnahme überstehen.

Dabei kommt ihnen zustatten, dass ihre Körpertemperatur bei eingeschränkter Schilddrüsenfunktion auf sehr niedrige Werte absinken kann, bevor die Thermoregulation wieder einsetzt. Dadurch macht der Energieumsatz nur noch etwa ein Fünfzigstel des Sommerumsatzes aus. Mit einer ordentlichen Fettschicht und einem trockenen Winternest kommt ein Igel gut über 4–5 Wintermonate.

Nahrung

Die natürliche Nahrung der Igel hängt vom Angebot des betreffenden Lebensraums ab. Sie gehören zu den Carnivoren, den fleischfressenden Tieren, wobei sie, ihrer Größe entsprechend, vor allem auf Wirbellose als Beute spezialisiert sind. Käfer, Heuschrecken, Grillen, Ohrwürmer und andere am Boden lebende Insekten sowie deren Larven machen in der Regel einen großen Teil ihres täglichen beziehungsweise nächtlichen Speise-

Regenwürmer, Schnecken, Engerlinge und andere Insektenlarven sind die Hauptnahrung des Igels.

plans aus. Aber auch Asseln, Tausend- und Hundertfüßer, Spinnen und Weberknechte, Würmer und Schnecken werden verzehrt. Wenn Igel auf ein Nest mit jungen Mäusen stoßen, so machen sie sich natürlich auch darüber her. Auch Vogelnester werden geleert, wo sie zufällig erreichbar sind, egal ob sich darin Eier oder Jungvögel befinden. Wie ich weiter oben schon berichtete, rauben ganz kecke Igel manchmal sogar Küken unter der Glucke weg.

Pflanzliche Nahrung nehmen Igel allenfalls aus Not oder nebenbei zu sich. Die alte Geschichte vom Igel, der mit seinen Stacheln Äpfel aufspießt, um sie in seine Vorratskammer zu tragen, stimmt also in dreifacher Weise nicht: Sie knabbern höchstens nebenbei einmal an ei-

nem reifen Apfel, sie benutzen ihre Stacheln nie als Transportmittel und sie legen keinerlei Vorräte an.

In Gefangenschaft kann man dann und wann ein Stückchen Apfel, Banane, einige Rosinen, Nüsse und

An vegetarische Kost macht sich der Igel nur ausnahmsweise heran.

Haferflocken anbieten, am besten aber als Trockenfrüchte, denn zu viel Wasser in der Nahrung kann zu Durchfällen führen. Nötig sind bei richtiger Ernährung solche vegetarischen Zugaben durchaus nicht. Mehlwürmer werden im Allgemeinen gern genommen, Fliegenmaden hingegen nur sehr ungern gefressen. Die erforderlichen Vitamine fügt man dem Futter bei (siehe S. 56 ff.). Bereits an dieser Stelle sei darauf hingewiesen, dass Milch für Igel gar nicht geeignet ist (auch wenn sich diese Praxis hartnäckig hält), weil sie zu erheblichen Verdauungsstörungen (Durchfällen) führen kann.

Für eine gute Verdauung sind mehr oder weniger unverdauliche Ballaststoffe in der Igelnahrung wichtig. Das Chitin der Insekten bildet in der Natur wohl den größten Anteil an Ballaststoffen. Darüber hinaus werden aber mit Maden, Würmern und Schnecken allerlei pflanzliche Abfälle und auch Erde und kleine Steinchen aufgenommen. Dem Futter von Igeln in Pflege kann man etwas Futterhaferflocken mit Spelzen, Kleie oder Garnelenschrot beimischen.

Feinde, Parasiten und Krankheiten

Dank seiner bewährten Ausrüstung ist der Igel unter natürlichen Bedingungen keinem starken Feinddruck ausgesetzt. Das heißt aber keineswegs, dass der langsame, nahrhafte Bursche unantastbar wäre. Große Eulen und Greifvögel mit langen, dolchartigen Krallen, wie Uhu oder Steinadler, werden relativ leicht mit einem Igel fertig, weil sie mit ihren Waffen durch die Stacheln in den Körper eindringen können. Besonders der Uhu ist daher in Mitteleuropa einer der Hauptfeinde des Igels.

Doch auch Säugetiere stellen dem Igel nach, so Fuchs und Dachs. Über ihre Methoden gibt es wohl mehr Jägerlatein als zuverlässige Beobachtungen. Dass der Fuchs wirklich den eingerollten Igel mit Urin bespritzt oder ins Wasser rollt, um ihn angreifbar zu machen, ist wenig glaubhaft. Wie Beobachtungen mit Hunden zeigen, ist auch ein eingerollter Igel keineswegs unangreifbar, zumal nicht bei längerer Bearbeitung. Der Dachs setzt seine langen scharfen Krallen ein, um einen Igel zu erbeuten.

Der Uhu ist mit seinen langen Krallen einer der Hauptfeinde des Igels – freilich ein bei uns ziemlich seltener.

Im Allgemeinen sind es aber wohl vor allem junge Igel, die das Opfer von Füchsen und Dachsen, Mardern und Iltissen, auch von Wildschweinen, Mäusebussarden, Habichten und anderen Greifvögeln werden.

Zu den Feinden der Igel gehören auch ihre Parasiten: Zecken, Fliegenmaden, Flöhe, Milben außen, Lungenwürmer, Lungenhaarwürmer, Darmhaarwürmer, Darmsaugwürmer und Coccidien (Einzeller) innen. Wie stark Igel unter Parasiten zu leiden haben, hängt sehr von ihrem allgemeinen Gesundheitszustand ab. Schwache, schlecht ernährte Tiere werden stärker befallen und werden auch leichter ein Opfer des Befalls. Flöhe und Zecken haben fast alle wild lebenden Igel. Gesunden Tieren schaden sie nicht sichtbar. Auch Lungenwürmer sind sehr verbreitet; ihre Zwischenwirte sind vor allem Schnecken. Schwächere Tiere erliegen oft dem Befall. (Zur Parasitenbekämpfung siehe S. 68 f.)

Der Fuchs ist ausdauernd und schlau genug, die Verteidigungsstrategien des Igels zu überwinden.

△ **Auch der Iltis kann mit Ausdauer zumindest jungen Igeln gefährlich werden.**

▽ **Mit der Körperpflege tun sich Igel schwer, weshalb sie sehr unter Parasiten leiden (hier ein Floh).**

Schutz

Igel sind in vielen Ländern Europas ganzjährig geschützt. Das deutsche Naturschutzgesetz verbietet es, Igel zu töten, zu beunruhigen oder zu stören, sie aus ihrem Lebensraum zu entfernen oder ihre Nester und Unterschlüpfe zu zerstören. Igel dürfen nur dann mitgenommen werden, wenn es sich um eindeutig kranke oder verletzte Tiere handelt oder um Jungtiere im Spätherbst, die allem Augenschein nach weniger als die Hälfte des Erwachsenengewichtes von 800–1000 g haben und daher den Winter aus eigener Kraft wahrscheinlich nicht überleben können. In Pflege genommene Tiere müssen in ihrem Lebensraum wieder frei gelassen werden, sobald sie in der Lage sind, sich ohne Hilfe zu ernähren und zu überleben.

Igel sind in Mitteleuropa besonders durch den Verkehr bedroht. Dass die oft kleinen, voneinander weitgehend isolierten Igelpopulationen die hohen Verluste auf der Straße überhaupt längere Zeit überleben, zeigt, wie vital und flexibel die Art zu reagieren vermag. Offenbar können sie, wie viele Wildtiere, höhere Verluste in gewissen Grenzen durch höhere Nachwuchsraten ausgleichen – wobei der Mechanismus wohl eher umgekehrt darauf beruht, dass die Zahl der Jungen pro Jahr mit zunehmender Populationsdichte abnimmt.

Straßen können für Igel geradezu zur Falle werden, da sie mit vielen Kleintieren »beködert« sind, die entweder selbst Verkehrsopfer wurden oder die Fahrbahn aktiv aufsuchen, sei es um leichte Beute zu finden oder der gespeicherten Wärme wegen. Die Langsamkeit der Igel und ihr passives Einigeln bei Gefahr machen sie zum häufigsten Verkehrsopfer unter unseren Säugetieren. Durch etwas langsameres und umsichtigeres Fahren auf nächtlichen Landstraßen könnte freilich so manchem Igel (und nicht nur ihm) das Leben gerettet werden.

Zur Förderung der Igel könnten wir viel tun. Was der einzelne Gartenbesitzer tun kann, davon soll im folgenden Kapitel die Rede sein. Darüber hinaus wäre es aber höchst wünschenswert, wenn auch die Personen und Institutionen, denen die Nutzung und Pflege der Landschaft anvertraut ist, mehr als bisher darauf achten würden, die Natur

Straßen sind wie beköderte Fallen für Igel.

ganz allgemein in ihrer Vielfalt zu fördern, wo immer sich das mit den Zielen der Nutzung und Pflege ohne große Einbußen machen lässt. In vielen Fällen geht es dabei sogar nur um ein ökonomisch sinnvolles Unterlassen, Nichttun. Etwa bei den vielerorts zu beobachtenden Pflegearbeiten an Straßen-, Weg- und Grabenrändern, an Bahnböschungen und Dämmen, auf Industrieflächen u. Ä. Wenn überhaupt solche Flächen gemäht werden müssen (um einer Verbuschung vorzubeugen), so sollten sie nur einmal im Jahr, im späten Herbst, gemäht werden. Damit könnte man kostengünstig und ohne Nutzungs-einschränkungen ein engmaschiges Netz von artenreichen Kleinlebensräumen erhalten. Leider wird von damit befassten Behörden gegen solche Vorschläge oft eingewendet, das Personal müsse ganzjährig beschäftigt werden.

Viel könnten die Landwirte für eine lebendigere Landschaft und damit auch für den Igel tun, indem sie ihre wenig begründete Aversion gegen »Unkräuter« außerhalb der Ackerflächen überwinden, Hecken und Feldrainen einen Platz einräumen sowie Gräben, Uferstreifen und Böschungen sich selbst überlassen oder nur im Spätherbst mähen würden.

Das »Raubtier« Auto ist in den Überlebensstrategien des Igels nicht vorgesehen.

Igel im Garten

Die schönsten Möglichkeiten, Igeln in dieser stacheligen Welt zu helfen, bieten sich den Gartenbesitzern. Voraussetzung ist freilich, dass die Gärten entweder groß oder mit einer igelfreundlichen Umgebung vernetzt sind. Möglichst natürlich beides. Vernetzt heißt in diesem Fall, für Igel erreichbar. Das bedeutet, die Gärten dürfen nicht durch für Igel unüberwindbare Mauern, Zäune, Gräben oder derlei abgeschottet sein. Wo es solche Hürden gibt, genügen meist schon kleine Durchschlüpfe, Stufen oder Stege. Denn Igel sind findig, können auch recht gut klettern, und wenn sie einmal einen Zugang zu einem igeltauglichen Gelände gefunden haben, dann finden sie ihn ohne langes Suchen auch immer wieder.

Wenn zum Beispiel ein Garten mit in den Boden eingelassenen Betonplatten und dicht anschließendem Maschendraht umzäunt ist, genügt es schon, an ein oder zwei Stellen eine 10–15 cm breite und 10 cm hohe bodennahe Lücke zu schaffen. Solche Verbindungen bieten gleichzeitig auch Kröten (und anderem Getier) die Chance, einen naturfreundlichen Garten zu besiedeln oder zu besuchen (und bei der Schneckenbekämpfung mitzuhelfen). Katzen kommen da nicht durch.

Natur und Struktur im Garten

Ob der Durchschlupf oder freie Zugang ein Tor zum Igelparadies oder eine falsche Versprechung ist, hängt von der Beschaffenheit des Gartens ab, von seiner biologischen und strukturellen Vielfalt. Denn Ordnung, Sauberkeit und Akkuratesse sind menschliche, kulturelle Werte, mit denen die meisten Tiere nicht

Gärten können geeignete Lebensräume für Igel sein – sofern man ihnen Zutritt verschafft.

In einem igelfreundlichen Garten haben »Schädlings-« Bekämpfungsmittel keinen Platz.

viel anfangen können. Im Gegenteil. Da der lupenreine Garten meist nur mit allerlei Vernichtungsmitteln zu verwirklichen ist, können solch sterile Zonen sogar zur Gefahr für Gesundheit oder Leben seiner Besucher werden. Da finden sie entweder keine oder aber vergiftete Nahrung und nach Verstecken suchen sie meist vergeblich.

Es ist vielfach bewiesen, dass durch Schneckenkorn vergiftete Schnecken bei Igeln zu schweren Erkrankungen und oft zum Tode führen. Durch das Anbieten von Futter (sei es für Igel oder für Vögel) lassen sich derlei tote Gärten kaum aufwerten als Refugium für Wildtiere. Sie können stattdessen zur Falle werden, etwa wenn so ein Garten Katzen oder Hunden als Auslauf dient. Das Ziel sollte also sein, einen glücklichen Kompromiss zu finden zwischen dem schönen und dem lebensvollen Garten. Beides schließt sich keineswegs aus.

Gärten als Lebensräume

Selbst malträtierte, zu Tode gepflegte Gärten sind Lebensräume, Biotope, Ökosysteme. Im Grunde gelten hier die gleichen Regeln und Gesetze wie überall in der Natur – und im Naturschutz. Früher hat man viel vom Artenschutz geredet, heute weiß man, dass Artenschutz nur als Lebensraumschutz, Biotopschutz erfolgreich sein kann. Heute weiß man: Wenn der Lebensraum nicht alle Bedingungen für Existenz und Fortpflanzung einer Art bietet, nützen sämtliche Ansiedlungsversuche bedrohter Arten nichts. In den meisten Fällen sind es ja gerade die verschlechterten Lebensbedingungen, die zum Verschwinden der Arten geführt haben. Die Formel im Naturschutz lautet daher heute: Artenschutz = Biotopschutz. Die Bedeutung der Gärten nicht nur für Igel, sondern für Artenvielfalt und Erlebnisreichtum ganz allgemein geht aus der Tatsache hervor, dass zum Beispiel in Deutschland alle Gärten und Grünanlagen zusammen eine doppelt so große Fläche einnehmen wie sämtliche Naturschutzgebiete. Ökologen bestätigen, was mancher schon längst vermutet hat: Die Artenvielfalt (Biodiversität) ist im durchgrünten Siedlungsbereich ungleich größer als auf den allermeisten Landwirtschaftsflächen, größer sogar als in vielen Nadelholzforsten. Das sollte uns anspornen, noch mehr für den Naturschutz im Garten zu tun – zumal ökonomische Zwänge der Nutzung ja kaum noch eine Rolle spielen. (Wenn auch ein ökologisch ausgerichteter Nutzgarten durchaus ein wertvoller Teil eines Naturgartens sein kann.)

Unabhängig von berechtigter Kritik am Umgang mit der Natur durch viele Nutzer, aber auch angebliche Pfleger, wird jeder naturliebende

Gartenbesitzer zunächst einmal »vor der eigenen Haustür kehren«, im eigenen Wirkungsbereich beginnen. Das ist aus doppeltem Grund sinnvoll. Erstens: Hier können wir ohne viel zu fragen und viel zu organisieren unmittelbar tätig werden. Zweitens: Durch unser Beispiel können wir Nachbarn und vielleicht sogar Gemeindeverwaltungen eher dazu bringen, in gleicher Richtung tätig zu werden als durch theoretische Vorträge über den ökologischen Nutzen dieser oder jener Bepflanzung und Gestaltung.

Allerdings gibt es immer auch jene ärgerlichen Schmarotzer, die sich an bunten Schmetterlingen und Vogelgesang zwar gerne laben, in ihrem eigenen Garten aber jede Wildblume, jede Brennnessel mit Stumpf und Stiel ausrotten und jede Blattlaus, jede Schnecke wie ihren persönlichen Todfeind mit Gift und Galle bekriegen.

Doch lassen wir uns nicht davon entmutigen: Ökologisches Handeln, wie jedes nicht nur am Eigennutz orientierte verantwortungsvolle Tun, hat immer auch einen gemeinnützigen Anteil – der einem in vielen Fällen leider nicht einmal gedankt wird. Das sollte uns Mut zum Handeln geben, aber nicht überheblich machen. Immerhin machen wir mit einer noch so naturfreundlichen Gartengestaltung längst nicht all die Schäden wieder wett, die wir mit unserer modernen Lebensweise dem gesamten Ökosystem antun. Gehen wir also in aller Bescheidenheit ans Werk.

Ein Garten, in dem man Igelbesuch empfangen möchte, muss reich an natürlichen Strukturen sein.

Strukturen

Wer neu gebaut hat, kann seinen Garten gleich so anlegen, dass seine »Topografie« die Grundlage für einen möglichst vielseitigen Lebensraum ist. Bei der heutigen Art des Bauens werden meist große Mengen Boden bewegt. Das ist zwar für die gewachsene Bodenstruktur, die Wasserführung und die Durchwurzelung meist von Nachteil, bietet aber auch die Möglichkeit, in eine vorher eher monotone Fläche Abwechslung und damit Standortvielfalt zu bringen. Darum sollte man sich über die spätere Gartengestaltung schon Gedanken machen, bevor Bagger und Schubraupe anrücken.

Gewöhnlich wird die Humusschicht der Baugrube zur Seite geschoben, dann der Aushub abtransportiert und am Ende der Humus rund ums Haus wieder planiert, das heißt eingeebnet. Schon der gesunde Menschenverstand sagt uns aber, dass jede Erhöhung im Gelände ein wenig trockener und jede Vertiefung ein wenig feuchter sein wird als die ebene Fläche am gleichen Ort. Die ökologischen Bedingungen eines flachen Geländes lassen sich also durch eine Mulde und einen Hügel bereits verdreifachen. Und wenn wir diesen Effekt noch verstärken wollen, dann erschaffen wir den Hügel aus wasserdurchlässigem Material, wie Kies und Sand, und die Mulde aus wasserstauendem Material, wie Lehm oder Teichfolie.

Je nach Beschaffenheit des Aushubs der Baugrube, nach Größe und Lage des Grundstücks und nach den Zielvorstellungen des Bauherrn kann man den Aushub dazu verwenden, Relief und Standortvielfalt in den Garten zu bringen. Ist der Aushub sandig-kiesig, können wir damit durch Aufschüttung herrliche Trocken- und Magerstandorte schaffen, ist er lehmig-tonig, so bietet er sich zur Schaffung eines Teiches oder einer sumpfigen Fläche an.

Eine Sache des natürlichen Geschmackes und Augenmaßes ist es, wie groß, wie hoch und wie tief solche Bodenmodellierungen sein können. Auf jeden Fall müssen »Berge« und »Täler« in einem ausgewogenen Verhältnis zur ebenen Fläche stehen. Die Ebene sollte stets das Mehrfache der Fläche einnehmen und Hänge sollten niemals steil, sondern so flach wie möglich ansteigen oder abfallen. Jede Steil-

Igel sind eher wasserscheu, für einen gelegentlichen Schluck sind sie aber dankbar.

Als gute Kletterer lie-
ben Igel höhlenreiche
und wärmespeichernde
Steinhaufen oder
Natursteinmauern.

heit muss physikalisch stimmen, das heißt vom Material her wie in der Natur der Witterung von Jahrtausenden trotzen können. Auch die Relationen müssen stimmen. Wenn der Hügel nur ein größerer Maulwurfshügel und der Teich nur eine bessere Pfütze sein kann, weil die Grundstücksgröße nicht mehr hergibt, dann sollte man die Finger von geologischem Schöpfertum lassen.

Mit Erhebungen und Vertiefungen im Bodenrelief sind die Möglichkeiten, abiotische Strukturen und damit ein Grundgerüst an ökologischer Vielfalt zu schaffen, noch keineswegs erschöpft. Ohne ins Detail zu gehen, sei hier nur an so vielseitig von Pflanzen und Tieren nutzbare Kleinlebensräume wie Natur-

steinmauern erinnert. Auch sie sollten sich harmonisch ins Gelände einfügen, eventuell als steiler Übergang vom Hügel zur Mulde oder frei stehend als Begrenzung zwischen Terrasse und Garten.

Der Wert solcher Mauern liegt in ihrer Fähigkeit der Wärmespeicherung, ihren zahlreichen Hohlräumen für Tiere und in der Möglichkeit der Besiedlung durch etwas ungewöhnlichere Pflanzen. Darum dürfen die Steine nur aufgeschichtet, nicht aber vermörtelt werden. Erde zwischen den Steinen erleichtert die Ansiedlung von Moosen, Farnen und zierlich blühendem Zimbelkraut, ohne Eidechsen, Kröten und Blaumeisen Unterschlupf und Nistplatz streitig zu machen.

Die meisten Leser werden aber eher über Möglichkeiten nachdenken, wie sie einen bereits vorhandenen Garten für Igel und andere Tiere attraktiver machen können. Auch wenn man in solchen Fällen größere Bodenbewegungen vielfach scheuen wird, lässt sich doch auch schon mit kleineren Maßnahmen einiges erreichen. Mit Stein- und Reisighaufen sowie Tränken kann man auch in bestehenden Gärten die Lebensraumvielfalt auf einfache Weise steigern. Ein Haufen grober Steine an sonnigem Ort kann zumindest teilweise die Funktionen einer Natursteinmauer ersetzen. Reisighaufen und Brennholzstapel werden von Igeln bevorzugt für den Bau ihrer Schlafnester und Wochenstuben aufgesucht. Vom Bau einer Igelwohnung wird noch die Rede sein (S. 55 ff.).

Die richtigen Pflanzen im Naturgarten

Obwohl Igel keine Pflanzenfresser sind, spielt die Art der Vegetation für sie doch eine wichtige Rolle: einmal als strukturbildendes Element und zum andern als Grundlage für eine reiche Kleinlebewelt, die unseren Igeln als Nahrung dient.

Die wohl größte Bedeutung haben Sträucher und Büsche, möglichst in größeren Gruppen oder Reihen – zum Beispiel als Hecken. Nicht umsonst heißt der Igel auf Englisch »hedgehog« (Heckenschwein). Hecken und dichte Gebüsche bieten dem Igel Schutz vor Feinden und extremen Witterungseinflüssen. Im beerendurchsetzten Falllaub, das sich windgeschützt reichlich ansammelt, gedeihen all die kleinen

Ein gutes, weitgehend regensicheres Versteck bieten dem Igel Reisighaufen oder Holzstöße.

Ein Lager bloß aus etwas Laub reicht dem nässeempfindlichen Igel gewöhnlich nicht.

wirbellosen Tiere, von Würmern bis Insekten(larven), von denen sich Igel hauptsächlich ernähren. An besonders geschützten Stellen baut sich der Igel sogar sein Schlafnest. Damit Hecken und Gebüsche mit den Jahren nicht von unten verkahlen, sollte man sie gelegentlich zurückschneiden. Manche Arten, wie die Hasel, vertragen auch eine Radikalverjüngung, indem man sie »auf den Stock setzt«, das heißt, im Herbst oder Winter alle Äste 20–30 cm über dem Boden abschneidet. Andere mögen es lieber, nur im oberen Drittel gestutzt zu werden; auch bei ihnen kann man aber einzelne ältere Äste dann und wann ganz herausnehmen. Das bei solchen Aktionen anfallende Schnittgut sollte man etwas zerkleinern und in kleineren oder größeren Haufen (je nach Platz) unter den Sträuchern aufschichten. Das sind für Igel gute Verstecke. Wenn einem

das zu unordentlich ist, kann man die stärker zerkleinerten Zweige auch gleichmäßig über die Streuschicht verteilen. Das gibt zusammen mit dem alten Laub eine lockere Mulchdecke, in der sich des Igels Beutetiere reichlich entwickeln können. (Der käufliche Rindenmulch ist dafür nicht geeignet.) An zweiter Stelle stehen nach den Sträuchern die Hochstauden in der Bedeutungsskala für den Naturgarten im Allgemeinen wie für den Igel im Besonderen. Zwar tut er sich hier manchmal schon schwer, zwischen den dichten Stängeln noch durchzukommen, aber Lücken und Durchschlüpfe gibt es immer. Manchmal entstehen richtige kleine Trampelpfade zwischen den Stängeln von Wasserdost, Brennnesseln, Goldrute, Mädesüß, Blutweiderich und was es sonst noch alles an wilden und kultivierten Sommerblühern gibt.

Pflege und Bewirtschaftung eines igelfreundlichen Gartens

Neben Gestaltung und Bepflanzung des Gartens spielt die Art und Weise, wie man ihn pflegt und nutzt, eine entscheidende Rolle bei der Frage, wie attraktiv er als Lebensraum für Igel und viele andere Tiere sein kann. Natürlich lassen sich Igel auch mit speziellen Angeboten in den Garten locken, mit Futter, Tränke und Unterschlupf (S. 38ff). Doch wenn der Garten ansonsten eine Ordnungswüste ist (Sie verstehen, was ich meine), dann werden Igel bestenfalls zu Besuch kommen – und auch das nur, wenn die Umgebung den Igeln mehr bietet. Zum wirklichen Igel-Lebensraum wird ein Garten erst durch eine möglichst naturnahe Pflege und Nutzung – oder sollte ich sagen: Nicht-Pflege und Nicht-Nutzung?

Hohle Baumstümpfe sind in freier Natur ein beliebtes, wenn auch seltenes Igelversteck.

Nein, keine Angst vor Wildnis, vor grüner Hölle, vor Ärger mit den Nachbarn. Eine gewisse Ansehnlichkeit, Schönheit und Ordnung lässt sich durchaus mit einem hohen Maß an Natürlichkeit verbinden. Selbstverständlich ist das umso leichter, je größer der Garten ist. In großen Gärten kann man ja unschwer größere, zum Beispiel vom Haus weiter entfernte Bereiche ziemlich verwildern lassen und andere als Rasenflächen, Blumenbeete oder Gemüsegarten intensiver nutzen. Bei kleineren Gärten muss man sich meist für einen Kompromiss entscheiden – und der kann mehr im wilden oder mehr im geordneten Bereich liegen.

Nun liegt die Nutzung eines Gartens ja nicht nur im Mähen, Umgraben und Pflanzen. Wie attraktiv er für Igel und andere Wildtiere (auch Vögel) ist, hängt auch davon ab, wie intensiv ein Garten durch Menschen, Hunde, Katzen und andere Haustiere genutzt wird. Wenn jeder Quadratmeter ständig von

Ball spielenden Kindern, herumja-genden Hunden oder schleichen-den Katzen frequentiert wird, dann kann so ein Garten auch bei natur-naher Gestaltung kaum zur dauer-haften Heimat von Igeln, Kröten oder Rotkehlchen werden. Dies sei nur gesagt, um übertriebene Hoff-nungen zu dämpfen, nicht um Prio-ritäten zu setzen.

Da es beim Thema Katzen, Hunde und Kinder im Garten nicht um ein Entweder-oder gehen kann, eine Koexistenz aber in vielen Fällen nicht möglich ist, plädiere ich für eine räumliche Trennung – wo sich so etwas machen lässt. Wieviel Platz man den einzelnen »Interes-sengruppen« einräumen kann und will, das kann nur jeder selbst ent-scheiden. Wie man das Problem technisch löst, ist ebenfalls vielfach nur individuell zu klären. Man soll-te sich aber grundsätzlich nicht da-vor scheuen, auch einmal Ma-schendraht (mit Durchschlüpfen für Igel und Kröten!) einzusetzen, um kleine Wildnisse vor Störungen zu schützen. Noch besser, wenn sich mit Dornsträuchern das gleiche Ziel erreichen lässt.

Natürliche Nahrungs-quellen fördern

Da neben den Strukturen eines Le-bensraumes (zum Beispiel für Ver-stecke) vor allem die natürlichen Nahrungsquellen darüber entschei-den, ob eine Tierart diesen Lebens-raum als Habitat, als Revier an-

In der Umgebung des Menschen finden Igel heutzutage oft bessere Lebensbedingungen als in den öden Feldern und Wäldern.

nimmt, in dem sie sich gegebenenfalls auch fortpflanzt, möchte ich
noch einmal auf die Bedingungen
für ein vielfältiges, natürliches Nahrungsangebot für Igel eingehen –
auch wenn es in den meisten Gärten ohne Zusatzfütterung nicht gehen wird. Denn ein erwachsener
Igel braucht mindestens 100 g
hochwertige Nahrung am Tag.

Das Kleintierleben in der Streu-
oder Mulchschicht und im Boden
ist viel reichhaltiger und als Nah-
rungsquelle für Igel, Kröten, Vögel
und andere viele ergiebiger, als
wir uns das im Allgemeinen vorstellen können. Es reicht von
Holz fressenden Käferlarven
und fetten Regenwürmern
bis hin zu Spinnen und We-
berknechten. Daneben fin-
det sich eine Vielzahl von
Tausendfüßern, Asseln,
Fliegen- und Mücken-
larven – eine ziemlich
bizarre Unterwelt von uns meist
wenig sympathisch erscheinenden
Gestalten.

Dieses geheimnisvolle Leben des
Bodens kann sich aber nur dort in
aller Fülle entfalten, wo diese Orga-
nismen das finden, was sie seit Jahrmillionen gewohnt sind. Wenn wir
ständig im Boden herumwühlen,
im Herbst die nährende und schüt-
zende Schicht des gefallenen
Laubs, der abgestorbenen Kräuter
und Gräser entfernen und den Boden nackt dem Winter aussetzen,
dann dürfen wir uns nicht wun-
dern, wenn sich das Wunder des

**Ein strukturreicher
Garten mit – zumin-
dest stellenweise –
dicker Streu- oder
Mulchschicht bietet
Igeln stets abwechs-
lungsreiche Nahrung.**

Bodenlebens nicht entfalten kann.
Natürlich müssen manche Flächen
im Garten ohne Rücksicht auf Bo-
den- und Vogelleben gepflegt und
genutzt werden – sonst wäre es
kein Garten. Rasenflächen müssen
gemäht und im Herbst teilweise
auch von Falllaub befreit werden,
Blumen- und Gemüsebeete müssen
von wild wuchernder Konkurrenz
freigehalten werden. Die dabei ent-
stehenden »Abfälle« sollte man
aber wo immer möglich als Boden-
abdeckung (Mulch) auf Beeten oder
unter Sträuchern und als Baum-
scheiben unter Bäumen verwenden, zumindest aber kompostieren,
in jedem Fall also dem Stoffkreis-
lauf des Gartens erhalten. Igel sind
als »Konsumenten« Teil und Nutz-
nießer dieses Stoffkreislaufs.

Wie man Igel anlocken kann

Das beste Zeichen für einen igelfreundlichen Garten ist, wenn eines
Abends einer der Stachelträger von
selbst anmarschiert kommt, unter
den Büschen herumschnaubt oder
über die Terrasse trippelt. Wir können aber auch besondere Mittel
einsetzen, um Igel gezielt anzulocken, zum Bleiben oder Wie-
derkommen zu bewegen.

Weit verbreitet herrscht die Mei-
nung, ein Schälchen Milch, abends
auf die Terrasse gestellt, sei das beste Mittel, um Igel anzulocken und
mit der Zeit zutraulich zu machen.

Diese Ansicht beruht zwar auf Erfahrung, ist aber dennoch falsch. Denn: Igel mögen zwar Milch, aber sie bekommt ihnen schlecht. Das ist eine Erfahrung, die man an »Hausigeln« gemacht hat. Sie bekommen Durchfall. An wild lebenden, nur zu Besuch kommenden Igeln kann man die Auswirkungen des Milchgenusses verständlicherweise kaum beobachten. Wenn es dem Igel danach schlecht geht, bleibt er allenfalls am nächsten Abend aus – und niemand weiß, warum.

Anfüttern ist in Ordnung, aber bitte nur mit Futter, das Igel gut vertragen. Frisches, fettarmes Hackfleisch, lebende Mehlwürmer – das entspricht ihrer natürlichen Nahrung. Und geringe Mengen genügen vollkommen. Wir wollen ja keine Igel mästen. Und da Igel eher zum Einzelgängertum neigen, werden wir auch keine Igelversammlungen durch voll gehäufte Futterschüsseln erreichen. Nur wenn ein Weibchen mit seinen halbwüchsigen Jungen uns die Ehre gibt, können wir etwas mehr Futter anbieten. Detaillierter gehen wir auf das Thema im Abschnitt »Fütterung« ein.

Ein flaches Gefäß mit stets frischem Wasser sollte ohnehin in jedem Garten von Naturfreunden bereitstehen. Davon profitieren nicht nur Igel, sondern auch Vögel, die es

Mit regelmäßigem Futterangebot kann man Igel anlocken. Dann überwinden die stacheligen Gesellen sogar ihr Einzelgängertum und erscheinen zu mehreren am Fressnapf – gutes Nahrungsangebot spricht sich eben schnell herum.

Natürliche Verstecke und Wochenstuben sind für den Igel schon fast die Ausnahme geworden.

nicht nur als Tränke, sondern gern und vor allem auch als Badewanne benutzen. Größere Blumentopf-Untersätze mit niedrigem Rand erfüllen durchaus den Zweck.

Eine dritte Möglichkeit, einen Garten für herumstreifende Igel attraktiv zu machen, sind Verstecke, Unterschlüpfe. Ältere oder ländlichere Gärten bieten meist genug Gelegenheiten, wo Igel ein trockenes Plätzchen finden, sei es, um hier an regnerischen Tagen ein Dach überm Kopf zu haben, sei es, um sich ein immer wieder aufgesuchtes Schlafnest zu bauen, sei es, um warm und weich gepolstert hier die Jungen zur Welt zu bringen und aufzuziehen. Im Herbst suchen Igel besonders geschützte Stellen für das Nest, in dem sie ihren Winterschlaf halten.

Besonders anziehend sind für Igel schmale Zwischenräume zwischen Erde und irgendeinem »Dach«, also etwa unter Gartenhäuschen, Lauben, Schuppen und Bienenhäusern, unter Treppen und Veranden. Auch unter Holzstößen finden sie oft geeignete Bedingungen. In freier Natur, wo es derlei Verstecke nicht gibt, kriechen sie in hohle oder unter umgefallene Baumstämme, unter Reisighaufen, auch unter Steine, um ihr Nest aus altem Laub und trockenem Gras zu bauen. In menschlicher Umgebung verwenden sie zur Polsterung ihres Nestes oft auch Papierfetzen und anderen Müll.

In neueren, kleineren, städtischeren Gärten, wo solche Unterschlüpfe meist fehlen, kann man an einem möglichst ruhigen Plätzchen im Garten eine einfache Wohnung für

**Igel sind erstaunlich an-
passungsfähig und be-
weglich, aber...**

▽ **... sie wissen einen
bequemeren Eingang zu
ihrem Versteck durch-
aus zu schätzen.**

den Igel basteln. Die kann im ein-
fachsten Fall aus einer großen, sehr
flachen, an 4 Seiten geschlossenen
Holzkiste bestehen, ein Dach mit 3
niedrigen Wänden. Das Dach sollte
etwa 40–50 cm im Quadrat mes-
sen, die Seitenwände sollten nicht
höher als 10–15 cm sein. Wer will,
kann auch noch die vierte Seite bis
auf einen etwa 10 x 10 cm großen
Einschlupf schließen. Etwas trockenes Laub und Gras im Innern (oder
zum Selbereintragen in der Umgebung) erhöht die Attraktivität. Das
Ganze lässt sich natürlich auch mit
einem Brett auf seitlichen Ziegel-
steinen verwirklichen. Architektoni-
sche Perfektion ist bei Wildtieren
eher unbeliebt. Ein etwas erhöhter
Boden aus Holz oder Stein ist nur
nötig, wo die Gefahr besteht, dass
Regenwasser seitlich zuläuft.

Wie nützlich, wie schädlich sind Igel

Es scheint mir wenig zeitgemäß, in der herkömmlichen Weise nach Schaden und Nutzen eines Tieres im Garten zu fragen. Denn, wie schon gesagt, die meisten Gärten erfüllen ja die Funktion der Nahrungsversorgung gar nicht mehr oder nur noch am Rand. Und selbst da, wo Gärten noch überwiegend dem Anbau von Gemüse, Obst und Küchenkräutern dienen, sind sie selten mehr als ein nahrhaftes Hobby, von dessen Erträgen unsere Existenz nicht abhängt. Wir können es uns leisten, den Garten mit der Natur zu teilen (wenn auch leider aufgrund der Tatsache, dass anderswo die Bodennutzung umso rigoroser gegen die Natur praktiziert wird).

Wenn wir heute nach dem Nutzen oder Schaden von Wildpflanzen und Wildtieren fragen, so können wir – im Garten weitgehend, in Wald und Flur in zunehmendem Maße – wirtschaftlich-nützliche Aspekte gegen ökologisch-psychologische abwägen. Der Erholungswert eines Gartens, einer Landschaft wird heute vielfach schon höher veranschlagt als ihr ökonomischer Nutzwert. Stadtnahe Wälder werden nicht mehr in erster Linie auf maximale Holzproduktion getrimmt, sondern unter Gesichtspunkten ihrer »Sozialfunktion« für die Stadtbevölkerung und unter ökologischen Aspekten gehegt und gepflegt. Wobei sich erfreulicherweise gezeigt hat, dass Strukturvielfalt, Artenreichtum, Ungestörtheit und viele andere ökologische Ziele identisch sind mit Zielen wie Erholung und Erlebnisreichtum. In der Gestaltung der Gärten drückt sich das schon viel länger aus.

Trotzdem sei hier zumindest die Frage gestellt, in welchem Maße Igel des Menschen Freud oder Leid sein können. Sind sie wirklich nur die netten, etwas tollpatschigen Burschen, sind sie die gerühmten Schädlingsvertilger, oder sind sie auch lästig und ärgerlich? Wie »nett« jemand einen Igel findet, hängt selbstverständlich von jedem Einzelnen ab. Und wenn jemand spontan keinen so rechten Zugang zu den kleinen Stachelträgern findet, dann wird er/sie auch entsprechend empfindlicher auf gewisse Begleiterscheinungen reagieren: auf das Schnauben und Prusten unter der Veranda oder im abendlichen Gebüsch, oder auf die kleinen schwarzen Würstchen, die ein nächtlicher Besucher auf der Terrasse hinterlassen hat.

Wer seinen Garten mit Nutzpflanzen und Haustieren auch wirtschaftlich nutzt, wird seine Sympathie für den Igel auch von seiner Nutzen-Schaden-Bilanz abhängig machen. Im Nutzgarten, das kann man wohl unumschränkt sagen, sind Igel als Vertilger von Käfern, Raupen, Schnecken, Engerlingen, Maulwurfs-

Welchen Stellenwert wir Igeln in unserer Umwelt, unserem Garten geben, hängt in erster Linie von der Art der Nutzung ab.

grillen, Schnakenmaden, vereinzelt auch Wühlmausjungen als Nützlinge zu bezeichnen. Wenn es auch schwer ist, diesen Nutzen abzuwägen gegen den »Schaden« durch die Vertilgung anderer Nützlinge, wie Asseln, Tausendfüßer, Spinnen und Weberknechte, sowie bei Gelegenheit auch mal durch das Verspeisen von Brut oder Gelege eines bodennah brütenden Rotkehlchens oder Zaunkönigs.

Wie schon anfangs geschildert, vergreifen sich Igel manchmal auch an wenige Tage alten Hühnerküken, wenn sie ihrer bei Dunkelheit habhaft werden können. Gegen solche Übergriffe sind offenbar sogar die Glucken wehrlos. Gewöhnlich übernachten Glucken mit Küken ja aber auch nicht im Freien, wo sie schließlich auch Marder, Wiesel, Iltis, Fuchs und wer weiß wem noch ausgesetzt sind. Also dürfte es sich bei solchen Übeltaten des Igels um ausgesprochene Einzelfälle handeln, die noch dazu eher auf das Konto des Hühnerhalters gehen.

Wie es mit der oft behaupteten Vorliebe des Igels für Hühnereier steht, ist nach wie vor umstritten. Manche sagen, er wäre gar nicht fähig, mit seinem kleinen Maul ein so großes Ei aufzubeißen, manche trauen ihm das sehr wohl zu.

Ich denke, aus all dem lässt sich der Schluss ziehen, dass Igel ihren guten Ruf zu Recht genießen, in Haus und Hof mehr nützlich als schädlich sind und uns mit ihrem Wesen und Treiben entschieden mehr Freude als Ärger machen. Wenn Igel trotzdem da und dort noch getötet werden (bei uns ist das glücklicherweise nicht nur verboten, sondern auch verpönt), so spricht das eher für Armut und wirtschaftliche Not, allenfalls für eine gewisse Gleichgültigkeit gegenüber Lebewesen, wohl aber nie für Hass oder Ekel wie bei manch anderen Tieren. Denn Igel werden angeblich auch heute noch in einigen südeuropäischen Ländern gegessen – ob aus Not oder als Delikatesse, ist mir nicht bekannt.

Katzen sind keine wirkliche Gefahr für den Igel, wenn es auch lästig ist, sich wegen ihnen dauernd einigeln zu müssen. Manche Igel fressen mit der Hauskatze aus einem Napf.

Igel in Pflege

Mit Nachdruck möchte ich gleich zu Beginn dieses Abschnitts darauf hinweisen, dass nur drei Gründe es rechtfertigen, einen Igel vorübergehend – oder in Ausnahmefällen auf Dauer – in Pflege zu nehmen:

• Wenn er verletzt oder krank ist,
• wenn untergewichtige Igel im Spätherbst geringe Aussichten haben, den Winter ohne Hilfe zu überleben,
• wenn noch nicht selbstständige Igelsäuglinge die Mutter verloren haben.

Nur in diesen Fällen erlaubt auch das Naturschutzgesetz das vorübergehende Einfangen eines Wildtiers – immer mit dem Ziel, es nach der Genesung oder Überwinterung wieder in seinem Lebensraum auszusetzen.

Wer Igel (oder andere Wildtiere) in Obhut nimmt, auf den wartet eine schöne, aber nicht leichte Aufgabe, die zudem viel Selbstlosigkeit erfordert, weil man ja einen vielleicht lieb gewonnen Hausgenossen wieder in die Natur entlassen muss. Die Versorgung selber erfordert vom Pfleger Sachkenntnis, geeignete Räumlichkeiten, Zeit, Disziplin und etwas übriges Geld.

Nur wenn ein Igel wirklich menschliche Hilfe benötigt, darf er in Pflege genommen werden.

Nicht jeder Igel ist hilfsbedürftig

Bei vielen Menschen sind Tierliebe und Hilfsbereitschaft größer als die notwendige Sachkenntnis. Ich bekomme ständig die merkwürdigsten Anrufe. Da grase weitab vom Seeufer ein Schwan auf einer Wiese, den müsse man doch sicher wieder ins Wasser zurück bringen. Oder eine junge Eule, die noch nicht fliegen könne, bedürfe dringend der Rettung durch die Feuerwehr. Ganz zu schweigen von all den anderen angeblich hilflosen und verlassenen Tierkindern, die ständig irgendwo gefunden und oft genug mit heimgenommen werden. Von Igeln ist bekannt, dass sie im Herbst manchmal Untergewicht haben, was manche Menschen veranlasst, jeden Igel aufzusammeln, der ihnen im Oktober oder November über den Weg läuft.

Das Aufnehmen von Wildtieren unterliegt aber nicht nur strengen naturschutzrechtlichen Bestimmungen, es ist auch in jedem Fall ein riskantes Unternehmen für Gesundheit und Leben des Tieres. Denn selbst wenn es gelingt, einen jungen Vogel, einen verletzten, kranken, untergewichtigen oder verwai-

Im Zweifelsfall ist es immer gescheiter, ein Wildtier zu lassen, wo es ist. Unsachgemäße Hilfsbereitschaft kann mehr schaden als nützen.

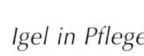
sten Igel gut über die Runden zu bringen – was, wie gesagt, viel Sachkenntnis und Opfermut erfordert –, so ist doch die Rückführung in die Natur, die immer Ziel jeder Hilfsaktion sein muss, mit großen Risiken behaftet. Der Igel ist in Gefangenschaft »verwöhnt« worden. Zahlreiche Forschungen in den letzten Jahren haben aber gezeigt, dass selbst in einer Station aufgezogene Igelbabies aufgrund der angeborenen Instinkte in der freien Natur gut überleben.

Es ist jedoch wichtig, bereits am Fund-ort festzustellen, ob ein Tier wirklich ein Kandidat für die häusliche Pflege ist oder nicht. Noch relativ leicht zu erkennen sind untergewichtige Igel im Oktober/November – vorausgesetzt, man hat einige Erfahrung mit Größe, Form und Verhalten gesunder, normalgewichtiger Igel. Doch selbst äußere Verletzungen sind gerade bei Igeln oft nicht einfach zu diagnostizieren, da Wunden zwischen den Stacheln und beim eingerollten Igel auch am Bauch schwer zu sehen sind. Noch schwieriger ist die Entscheidung bei inneren Verletzungen, Krankheiten, Unterernährung und mutterlosen Babys.

Zunächst gilt es, allein durch Beobachtung zwischen normalem und auffälligem Aussehen und Verhalten zu unterscheiden. Nicht normal *kann* schon die Tatsache sein, dass ein Igel am hellichten Tag herumläuft oder sich in ungeschützter Umgebung aufhält. Dann sind aber weitere Beobachtungen nötig. Das

Ein in Abwehrstellung zur Kugel gerollter Igel sollte ohne weitere Störung spätestens nach 5–10 Minuten wieder entspannt sein.

mehr oder weniger bewegungslose Einrollen als Reaktion auf eine Berührung, ein starkes Geräusch oder einen erschreckenden Anblick ist normal, wenn es nach Beendigung der Störung nicht länger als höchstens 5–10 Minuten anhält. Entspannt sich der Igel auch nach längerer, wirklich störungsfreier Zeit nicht, um seinen Weg fortzusetzen, so lässt das auf innere oder nicht sofort sichtbare äußere Verletzungen schließen. Man sollte ihn aber wirklich lang genug und aus gebührender Entfernung und in aller Stille beobachten.

Nicht normal ist ein anhaltend langsames Umherschleichen; gesunde Igel trippeln eilig dahin. Auch aus der Körperform lassen sich Rückschlüsse auf den Gesundheitszustand ziehen: Ein gesunder, gut ernährter Igel sieht von oben kompakt eiförmig aus. Weist er von oben eingefallene Flanken (eine »Taille«) auf und von der Seite einen Absatz zwischen Kopf und Rumpf («Hungerfalte»), so ist das Tier mit Sicherheit krank oder unterernährt – oder beides.

Ob ein halbwüchsiges Igelkind noch im Säuglingsalter ist und die Mutter verloren hat, oder ob es sich schon selbstständig durchbringen kann, ist auf Grund bloßen Augenscheins schwer zu entscheiden. Die Jungen werden bis zur 6. Lebenswoche und einem Gewicht von 200–250 g gesäugt, nehmen aber schon vorher auch andere Nahrung auf, die sie ohne Anleitung finden.

Igelkinder, einzeln oder zu mehreren, die unter 200 g wiegen und auch nach längerer (etwa einstündiger) Beobachtung mutterlos bleiben, sind im Allgemeinen als Pflegekandidaten anzusehen.

Manchmal findet man einen Igel im Wasser. Igel sind eher wasserscheu, auch wenn sie kurze Zeit schwimmen können. Finden Sie einen Igel im Wasser, aus dem er nicht mehr heraus kommt, so angeln sie ihn heraus und setzen Sie ihn in gebührender Entfernung von der Gefahr ins Trockene. Wenn er sonst einen gesunden Eindruck macht, braucht er unsere weitere Hilfe nicht. Gibt es in Ihrem Garten einen Teich oder ein Schwimmbecken, so sollten Sie – falls Igel in den Garten kommen – für Ausstiegshilfen sorgen.

Igel können zwar schwimmen, aber begeisterte Wasserfrösche sind sie nicht.

**Bei sachgemäßer Be-
handlung gewöhnt sich
ein Igel bald daran, auf-
genommen zu werden.**

Sind Sie zu dem Schluss gekommen, dass ein Igel Hilfe braucht, so sollten Sie ihn mit beiden Händen seitlich aufheben, um ihn, möglichst noch am Fundort, genauer zu untersuchen. Da Igel aus Angst manchmal beißen, was nicht gefährlich, aber etwas schmerzhaft ist (und *kein* Hinweis auf Tollwut ist), sollte man sie nicht von vorne anfassen. Es empfiehlt sich, zum Aufheben Handschuhe oder ein Tuch zu verwenden.

Zuerst inspiziert man Kopf und Rücken zwischen den Stacheln auf Wunden, Fliegenmaden, Zecken, Flöhe. Fast alle Igel sind mit Außenparasiten in größerer oder kleinerer Zahl »gesegnet«. Ein sehr starker Befall mit Ungeziefer ist aber oft ein Zeichen von geschwächter Gesundheit. Auch der »Stacheltest« kann weiteren Aufschluss über den Gesundheitszustand des Igels geben: Zieht man einen Stachel hoch und lässt ihn wieder los, so wird er beim gesunden Igel sofort wieder zurückgezogen, während beim kranken Tier Haut und Stachel eine Weile erhöht bleiben.

Als Nächstes ist die Unterseite zu untersuchen, was beim eingerollten Igel seine Schwierigkeiten hat. Es bedarf einiger Erfahrung, mit den behandschuhten Händen den Igel seitlich so zu untergreifen, dass man mit sanfter Gewalt die Stachelkugel zum Öffnen bringt. Auch wenn man die Stacheln der hinteren Körperhälfte mit der behandschuhten

Hand kräftig zurückstreicht, kann man den Igel zum Öffnen der Kugel bewegen; leider zieht er sich dann bei der nächsten Gelegenheit aber wieder zusammen.

Hat man sich so oder so Zugang zur Körperunterseite verschafft, untersucht man systematisch Kopf, Bauch und Gliedmaßen. Die Augen sollten vorstehen und glänzen, nicht eingefallen und matt sein; die Nase sollte feucht und kühl sein; in den Ohren sollten keine Fliegenmaden sein. Der Bauch wird dann auf Wunden und Parasitenbefall hin untersucht. Dabei sollten die bei beiden Geschlechtern erkennbaren Zitzen (5 auf jeder Seite) und die nabelförmige Geschlechtsöffnung des Männchens nicht mit Zecken verwechselt werden. Die Beine sollten frei beweglich sein, nicht schlaff herabhängen – was auf Brüche schließen lässt. Der After sollte nicht kotverschmiert sein.

Sind wir nach diesen Untersuchungen zu dem Schluss gekommen, dass der Igel unsere Hilfe braucht, müssen wir für den Transport einen geeigneten Beutel, ein Tuch, einen Karton, einen Plastikeimer oder etwas Ähnliches finden. Wegen der Flöhe, die viele Igel haben, und weil sie in Stresssituationen und bei schaukelnder Bewegung gelegentlich erbrechen, sollte man einen Findling nur mit entsprechender Umhüllung oder Unterlage transportieren. Auch wenn Igelflöhe nicht auf den Menschen gehen, ist die Unterbringung auf dem Autositz

dem Schoß des Menschen vorzuziehen. Eine Unterbringung im Kofferraum führt beim Igel wegen des meist vorhandenen Benzingeruchs manchmal zum Erbrechen.

Allgemeine Grundlagen für die Igelpflege

Wer sich dazu entscheidet, einen Igel in Pflege zu nehmen, sollte sich zunächst folgende Fragen beantworten:

• Habe ich in der Wohnung oder im Keller die nötigen räumlichen Voraussetzungen?
• Habe ich die nötige Zeit oder eine zuverlässige Pflegevertretung? (Nur winterschlafende Igel kann man länger als 1–2 Tage sich selbst überlassen.)
• Habe ich die nötige Sachkenntnis beziehungsweise Erfahrung, um ein krankes oder verletztes Tier gesund zu pflegen? Und bin ich bereit, Geld für Tierarzt und Medikamente auszugeben?
• Habe ich einen geeigneten Garten (einen eigenen oder einen von Bekannten) für die Auswilderung?

Nur wenn Sie zumindest die ersten drei Fragen mit gutem Gewissen mit Ja beantworten können, sollten Sie sich auf das Wagnis einlassen, einen Igel in Pflege zu nehmen. Dann, so hoffe ich, können Ihnen die folgenden Ratschläge von Nutzen sein.

Auch wenn es nur eine vorübergehende Bindung ist: Bevor man einen Igelpflegling zu sich nimmt, sollte man den alten Spruch beherzigen, wonach sich der prüfen sollte, der sich (ewig) bindet.

Was Igel munter und gesund hält

Das Leben eines Wildtiers erscheint uns oft hart, vielleicht unnötig hart. Von unseren eigenen Bedürfnissen und Gewohnheiten ausgehend, neigen wir dazu, das bequeme Leben in zentralgeheizten Wohnungen, mit Lebensmitteln aus der Tüte und anderen Annehmlichkeiten auch für Wildtiere zum Paradies auf Erden zu erheben. Wir wissen aber von uns selbst, dass eine allzu gemütliche Lebensweise unserer Gesundheit durchaus abträglich sein kann. Menschen und Tiere brauchen Bewegung, Abwechslung und eine gesunde Portion Stress.

Die Ansichten darüber, was für ein Tier die optimalen Lebensbedingungen sind, gehen auch bei Fachleuten weit auseinander. Da Tiere es uns nicht sagen können und vielleicht auch, wie viele Menschen, nicht wissen, was ihnen bekommt und was nicht, kann man nur indirekt darauf schließen, welche Bedingungen für ein Tier die bestmöglichen sind. In Zoos gilt neben der guten körperlichen Verfassung die Fortpflanzung als Beweis artgerechter Haltung und physisch-psychischen Wohlbefindens. Auch die Lebensdauer eines Individuums kann als Maßstab dienen: In Gefangenschaft werden viele Tiere erheblich älter als in freier Wildbahn, wo den meisten Tieren ein »gewaltsamer« Tod beschieden ist, sei es durch Feinde, Hunger, Kälte, Krankheiten oder Parasiten.

Man macht sich kaum eine richtige Vorstellung davon, wieviel Bewegung ein Igel braucht, um gesund zu bleiben.

Besonders bei Heranwachsenden ist eine ständige Gewichtskontrolle unerlässlich.

Jeder halbwegs mit Tieren vertraute Mensch erkennt an den verschiedensten Symptomen, ob sich ein Tier wohl fühlt oder nicht. Auch Igel zeigen auf vielfältige Weise, wie es ihnen geht. Da ist einmal der Zustand ihres Haar- und Stachelkleides. Wenn beides lückenlos und dicht ist, zeugt das von gutem Gesundheitszustand. Wenn einzelne Stacheln und Haare ausfallen, ohne kahle Stellen zu hinterlassen, so ist das ganz normal. Jungigel beginnen etwa ab der Selbstständigkeit (6. Lebenswoche) ihre Kinderstacheln durch Erwachsenenstacheln zu ersetzen. Das beginnt am hinteren Körperende und kann sich über viele Wochen hinziehen. Starker Stachelausfall bei erwachsenen Igeln, was zu kahlen Stellen führt, kann durch Milben oder durch einen Mangel an Vitaminen und Spurenelementen verursacht sein und muss entsprechend behandelt werden (S. 76).

Guter Appetit und das richtige Körpergewicht sind weitere Indizien für Gesundheit und Wohlbefinden. Wie man unterernährte Igel schon an der Körperform erkennt, sagten wir schon (S. 47). Ob ein Igel zu dünn oder zu dick ist, stellt man aber am besten mit der Waage fest. Als Idealgewicht eines erwachsenen Igels kann man mit rund 1000 g angeben, muss aber sogleich einschränken, dass es da allerlei natür-

Die Zunahme des Körpergewichts bei Jungigeln ist für deren Aufzucht ein wichtiger Hinweis für eine gesunde Entwicklung. Der »Zacken« in der Kurve bezeichnet die Gewichtsabnahme während des Winterschlafs.

liche Abweichungen und Schwankungen gibt. Das Gewicht schwankt beispielsweise mit den Jahreszeiten: Im Herbst können Igel mit Winterspeck um 200–300 g schwerer sein als im Sommer. Aus dem Winterschlaf kommende Igel können hingegen bis zu 200 g Untergewicht haben. Trächtige Weibchen sind begreiflicherweise etwas schwerer als gewöhnlich. So schwanken die Gewichte erwachsener Igel je nach Geschlecht, Zu-

stand und Jahreszeit zwischen 800 und 1400 g.

Übergewichtige Tiere erkennt man in der Gefangenschaft auch an ihren trägen Bewegungen. Man sollte ihnen dringend die Rationen kürzen sowie mehr Auslauf und mehr »Unterhaltung« bieten. Unter natürlichen Bedingungen laufen Igel viel herum (S. 11), auf der Suche nach Nahrung, nach einem Geschlechtspartner oder nach einem neuen Revier. Und die dabei zurückgelegten Wege sind keine ebenen Parkettböden. Sie müssen sich durch dichte Vegetation zwängen, über Hindernisse klettern und mit ihren Krallen da und dort auch nach Nahrung scharren. Das alles hält sie beweglich und gesund. Eine kleine Auslaufkiste – das sieht jeder ein – ist für einen Igel auf die Dauer auch bei bester Ernährung weniger ein Paradies als ein Gefängnis. Und da Igel nicht besonders gesellige Tiere sind, haben sie noch nicht einmal die Anregung durch Artgenossen, wie manch andere Tiere in Käfigen.

Darum sollte man Igel, die längere Zeit unsere Mitbewohner sein müssen, auch wie Mitbewohner behandeln und ihnen größere, erlebnisreichere Räume für ihre nicht nur nächtlichen Aktivitäten zur Verfügung stellen. Die kleinen Verunreinigungen sind auf Holz- oder Steinböden kein Problem, sie lassen sich leicht und rasch entfernen – sind allerdings manchmal schwer zu finden, da sich Igel für ihre kleinen

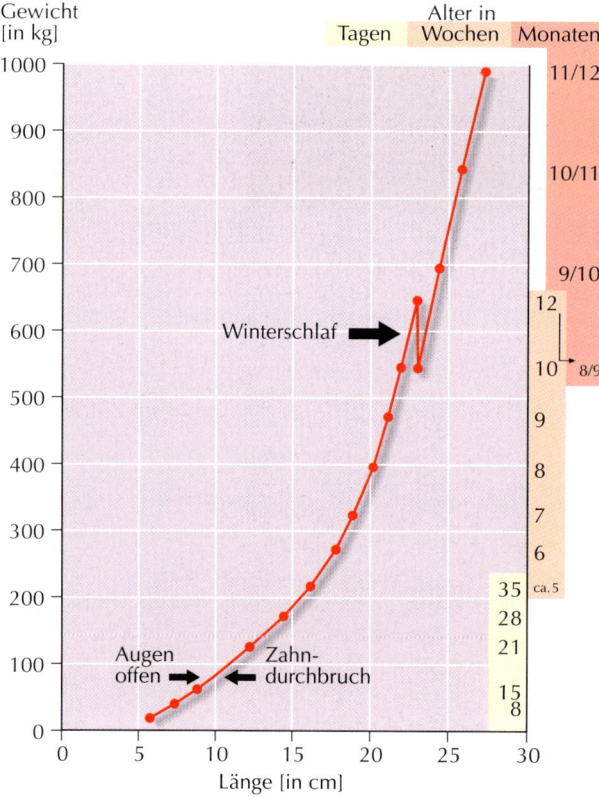

und großen Geschäfte oft die unzugänglichsten Ecken und Winkel aussuchen. Auf Teppichböden sollte man Igel allerdings nicht lassen und auch nicht in die Nähe von benagbaren Stoffen, wie Kunststoffen, Gummi, Leder oder gar frei liegenden elektrischen Kabeln. In seinem häuslichen Revier wird sich der Igel mit der Zeit alles erschnüffeln und erklettern, was nur einigermaßen seine Neugier erregt: Möbel, Heizkörper, Papierkörbe ... Besonders gern schlüpft er unter Möbel, und wenn der Abstand noch so gering ist. Dann ist es manchmal ein Problem, ihn da wieder herauszubekommen.

Um dem Hausigel die Wohnung oder das Zimmer noch interessanter zu machen (und ihn damit zu viel Bewegung anzuregen), sollte man ihm ein paar alte Lumpen und Lederfetzen, vielleicht einen alten Turnschuh, zerknülltes Papier, einen Stein oder Holzklotz zum Klettern und andere »Spielsachen« anbieten. Jederzeit muss er aber auch die Möglichkeit haben, sich in seine Schlafkiste zurückziehen zu können.

Igel in Gesellschaft von Menschen und Haustieren

Wie viele lernfähige Wildtiere verlieren Igel bald ihre Scheu vor dem Menschen und vor größeren Tieren,

wenn sie wiederholt die Erfahrung machen, dass von ihnen keine Gefahr ausgeht. Bereits frei lebende Igel können recht zutraulich werden, wenn man ihnen regelmäßig Futter anbietet und ihnen Gelegenheit gibt, sich an den Menschen und seine Haustiere zu gewöhnen, indem man sich anfangs sehr ruhig in der Nähe des Futters aufhält.

In Obhut genommene Igel sind in der ersten Zeit meist sehr schreckhaft, stellen bei jeder Bewegung und jedem lauten Geräusch die Kopfstacheln auf oder rollen sich ganz ein. Das Aufstellen der Kopf-

Igel sind gewohnt, sich in unebenem Gelände zu bewegen – nicht auf Parkettfußböden.

stacheln ist allerdings anders zu be-
werten als das Einrollen. Während
letzteres Ausdruck der Angst und
des Schreckens, also rein defensiv
ist, kann das Vorziehen der Kappe
auch aggressiv sein. So bekämpfen
sich Rivalen, indem sie ihre »Hör-
ner« aufrichten. Man erkennt das
auch daran, dass sie mit ihrer Kopf-
wehr regelrecht boxen, auch gegenüber der menschlichen Hand.

Wer seinem Pflegling nicht nur Futter hinstellt, sondern sich ihm ge-
duldig widmet, erreicht es sehr
bald, dass er sich streicheln lässt,
ohne die Stacheln aufzustellen.
Nach einiger Zeit lässt er sich sogar
aufheben, ohne sich einzurollen.
Auch gegenüber Hund und Katze
verliert er allmählich die Scheu, sofern die sich friedliebend verhalten.
Eine gewisse Vorsicht lassen zumindest ältere Igel freilich stets gegenüber Hunden und Katzen walten.
Nur Igel, die in Gesellschaft von
Hund oder Katze aufgewachsen
sind, verlieren oft jeglichen Re-
spekt. Allerdings werden da auch
individuelle Unterschiede gemacht.
Einem fremden Hund begegnet ein
Igel anders als einem, der ihm vertraut ist. Dieses individuelle Erkennen erstreckt sich auch auf den
Menschen. Seinem ständigen Pfleger gegenüber wird ein Igel viel zutraulicher als gegenüber Fremden.
Stimme und Geruch spielen dabei
wohl eine wichtige Rolle.

Je zutraulicher ein Igel wird, desto
mehr offenbart er uns von seinem
reichhaltigen Verhaltensinventar. Un-
geniert trippelt er herum, schnup-
pert an allen Gegenständen, streckt
sich und gähnt nach dem Schlafen,
kratzt oder bespeichelt sich, läuft
einem wie ein Hündchen hinterher
oder klappert mit der Futterschüs-
sel, wenn er Hunger hat, und richtet sich sogar bettelnd an Schuh
und Bein seines Betreuers auf,
wenn er etwa in einen anderen
Raum möchte.

So anrührend die wachsende Zu-
traulichkeit eines Wildtiers ist (Bil-
der von »paradiesischen« Verhält-
nissen erweckend), so gefährlich ist
der Verlust jeglicher Scheu für das
Leben in freier Wildbahn. Feindbil-
der, Scheu, Schreckreaktionen sind
gerade für Tiere, die sich weitgehend auf defensive Überlebensstrategien verlassen müssen, lebenswichtig. Darum müssen wir als ver-
antwortungsbewusste Pfleger die

**Vor Hunden wird der
Igel zur Kugel. Wenn er
aber erfährt, dass ihm
nichts passiert, gewöhnt
er sich an ihre Gesell-
schaft.**

Bindung erzeugenden Kontakte zwischen Pflegling und Pfleger so gering wie möglich halten. Auch wenn die Scheu eines Wildtiers vor der pflegenden Hand uns oft kränken mag, wir müssen lernen, sie als Teil seiner über Jahrmillionen bewährten Instinktausstattung zum Überleben zu respektieren. Die Fähigkeit, sich neuen Situationen anzupassen, wie sie sich im Zahmwerden ausdrückt, ist ein langsamer Prozess, der nur in der Obhut ohne Lebensgefahr ablaufen kann. In Freiheit wieder scheu zu werden – dieser »Lernprozess« wird meist mit dem Leben bezahlt.

Die Igel-Behausung

Igel brauchen ein ruhiges, dunkles, gepolstertes Versteck, in das sie sich tagsüber zurückziehen können. Sie brauchen außerdem einen Mindestauslauf, wo sie Futter aufnehmen und Kot und Urin abgeben können. Bei längerem Aufenthalt brauchen sie darüber hinaus aber weitergehende Bewegungsmöglichkeiten, von denen bereits im vorigen Abschnitt die Rede war. Wenn Sie mehrere Tiere beherbergen, muss jedes Tier seine eigene Futter- und Schlafkiste haben.
Für den Anfang genügt ein kräftiger Karton oder eine Holzkiste mit mindestens 1 m² Grundfläche und 50 cm hohem Rand oder luftdurchlässiger Abdeckung. Den Boden belegt man am besten mit mehreren Zeitungsschichten, die gut gegen Bodenkälte isolieren und bei Verschmutzung leicht auszuwechseln sind. Als Schlafquartier stellen wir einen kleineren Karton (z. B. Schuhkarton) mit seitlichem Einschlupf von 10–12 cm Höhe und Breite in eine Ecke des großen Kartons. Dieses Schlafhäuschen kann man mit weichen, bei Verschmutzung leicht auswechselbaren Küchen- oder Toilette-Tüchern auslegen. In die andere Ecke kommt je ein kleines Schälchen (glasierte Untersätze für Blumentöpfe oder Weckglasdeckel) für Wasser und Futter. Wenn wir die Behausung oben schließen wollen (weil im Raum zu viel Unruhe oder der Igel ein besonders guter Kletterer ist), müssen wir für ausreichende Belüftung (Löcher, Schlitze zumindest im oberen Teil) sorgen.
Die Igel-Behausung sollte weder an einem zu warmen noch an einem feucht-kalten oder zugigen Ort stehen. Eine Temperatur von 18–22 °C am Boden (!) ist für den sommerlich

Jeder Igel braucht seinen eigenen Auslauf und seine eigene Schlafkiste.

aktiven Igel optimal. Winterschläfer sollte man bei Temperaturen unter 10° halten. Igelkinder brauchen eine Nesttemperatur von etwa 25 °C (siehe S. 59 ff.).

Die Grafik zeigt, wie eine Igelbehausung mit integriertem Schlafhäuschen aussehen kann.

Wasser und Nahrung

Von Anfang an sollen Igel nicht irgendwelche Essensreste aus der Küche, Milch oder Süßigkeiten bekommen, sondern nur Wasser und artgerechte Nahrung. Das Wasser muss stets frisch und sauber sein. Wie fast alle Wildtiere nimmt auch der Igel Nahrung nur dann auf,

wenn er sich einigermaßen sicher fühlt. Darum ist es wenig sinnvoll, einen soeben gefundenen und transportierten Igel sofort mit Nahrung zu versorgen. Viel wichtiger ist es, ihm einen Unterschlupf zu bieten, am besten gleich die oben geschilderte provisorische Igelwohnung, die aus einem großen Karton als Auslauf und einem kleinen Karton als Schlafstelle besteht. Tagsüber wird sich der Neuankömmling ohnehin gleich in seine Schlafschachtel zurückziehen und erst abends Interesse für Nahrung zeigen. Ein flaches Schälchen mit Wasser (keinesfalls Milch) kann man ihm aber auf jeden Fall gleich anbieten.

Doch was kann man einem Igel zum Fressen geben, wenn man nicht gleich die Möglichkeit hat, in einem Zoo- oder Anglergeschäft die geeignete Nahrung zu besorgen? Wer einen Hund oder eine Katze hat, tut sich leicht, denn Fertigfutter für Hunde und Katzen, sei es in Büchsen oder als Trockenfutter, eignet sich zumindest als Übergang durchaus auch für Igel. Wichtig ist, dass wir das Futter niemals eiskalt, sondern mindestens mit Zimmertemperatur servieren; von kaltem Futter bekommen Igel leicht Durchfall.

Wer keine Fleisch fressenden Haustiere hat, hat vielleicht für den eigenen Bedarf irgendwelches Fleisch in der Tiefkühltruhe. Wenn es nicht fett, nicht gewürzt und nicht geräuchert ist, kann man klei-

ne Portionen (50–100 g pro Tag und Igel) abschneiden, auftauen und in kleine Streifen geschnitten anbieten. Auch ein hart gekochtes, klein geschnittenes Ei oder ein Stückchen Banane können den ersten Hunger überbrücken. Rohe Haferflocken sind eine geeignete Zusatznahrung. Da Igel vor allem von Frischfleisch leben, sind lebende Mehlwürmer oder Maden aus dem Anglergeschäft eine gute Nahrung. Rasch zu besorgen und gut geeignet ist auch nicht zu fettes Hackfleisch. Auf die Dauer ist das aber zu einseitig und zu wenig reich an Ballaststoffen. Darum wird als Standardnahrung empfohlen: abends 30–35 g Hackfleisch mit 1–2 Tropfen Multivitamin und etwas Heilerde, 6–8 Mehlwürmer oder Maden sowie 10–15 Brekkies oder eine entsprechende Menge Garnelenschrot als Kaunahrung. Die Lebendnahrung muss so angeboten werden, dass sie nicht entweichen kann und trotzdem für den Igel leicht erreichbar ist; gegebenenfalls muss man die Mehlwürmer oder Fliegenmaden vor dem Verfüttern töten. Untergewichtige Igel können auch morgens eine halbe Portion der abendlichen Futtermenge bekommen.

Sobald man die Möglichkeit hat, sich einen Vorrat an richtigem Igelfutter zuzulegen, sollte man eine Diät ansteuern, die alle Bedürfnisse des Igels auf möglichst arbeitssparende Weise erfüllt. Als Grundnahrung kauft man 500 g mageres Hackfleisch, mischt 1–2 Esslöffel

Vitamin-Futterkalk, 1 Esslöffel Lein- oder Speiseöl, eine Handvoll Igel-Trockenfutter (z. B. von Klaus oder Vitakraft) oder Hundeflocken und eine Handvoll grobe, spelzige Futterhaferflocken unter und knetet das Ganze gut durch. Dann formt man kleine Klößchen aus der Masse (50 g schwer) und friert sie so ein, dass sie nicht aneinander kleben. Die hartgefrorenen Klößchen werden dann in Gefrierbeuteln im Tiefkühlfach aufbewahrt. Von diesem Vorrat entnimmt man jeden Morgen 2 Kugeln, die bis zum Abend zimmerwarm sind. Sieht der Teller morgens wie ausgekratzt aus und wurde er umgedreht, war die Futtermenge zu gering – der Igel hat noch nach Nahrung gesucht. Dann müssen Sie ihre Futterportion erhöhen.

Ein weiteres Rezept: 500 g Hühnerklein mit 250 g Karotten in wenig Wasser kochen, beides dann ohne Röhrenknochen durch den Fleischwolf drehen, 1–2 Esslöffel Hafer-

Größte Sauberkeit vor allem beim Futter ist Voraussetzung für die Gesundheit.

oder Hundeflocken untermischen und den Brei portionsweise einfrieren.

Im Zoo- oder Anglergeschäft besorgen wir uns jede Woche eine oder zwei Dosen mit je 30–50 g Mehlwürmern oder Fliegenmaden. Im Kühlschrank bleibt diese Lebendnahrung 7–8 Tage unverändert. (Bei Zimmerwärme verpuppen sich die Larven und werden dann nicht mehr so gerne genommen.) Davon geben wir unserem Patienten jeden Tag so viel, dass der Vorrat für die Woche reicht. Um zu verhindern, dass sich die Larven auf und davon machen, müssen sie in einer Schale mit höherem, glatten Rand angeboten oder, wie gesagt, getötet werden.

Zusätzlich zu den Fleischbällchen und der Lebendnahrung kann man sich noch einen kleinen Vorrat an Trockenfutter zulegen. Geeignet sind neben dem speziellen Igel-Trockenfutter Katzenbrekkies und Hundeflocken. Harte Kost ist für gesunde Zähne nötig. Darum sollte man gelegentlich auch rohe Geflügelknochen (Kopf und Hals von Hühnern) anbieten. Wichtig für eine gute Verdauung sind auch unverdauliche Ballaststoffe, die Igel in der Natur in Form von Insektenchitin oder Verunreinigungen (Sand, Erde, Hölzchen, Gras ...) zu sich nehmen. Garnelenschrot aus der Zoohandlung, zusätzlich zu den Haferspelzen in die Fleischklößchen ein-

Mit einer ausgewogenen Mischung von Lebend- und Trockenfutter bedarf es keiner ausgefallenen Speisepläne.

gearbeitet, ist in kleinen Mengen ein sehr geeigneter Ballaststoff. Im Igel-Trockenfutter sind Ballaststoffe bereits enthalten.

Da Abwechslung die beste Gewähr gegen einseitige Ernährung bietet, sollte man gelegentlich auch Rührei, milden Käse, Hasel- oder Walnüsse, ungeschwefelte Rosinen und kleine Stücke von frischem, süßem Obst anbieten. Die tägliche Zugabe von Mineralstoffen und Vitaminen, etwa in Form einer Messerspitze Futterkalk und einigen Tropfen Multisanostol, verhindert Mangelerscheinungen.

Die tägliche Futtermenge richtet sich vor allem nach dem Körpergewicht. Jungigel mit einem Körpergewicht von 200–300 g bekommen 50 g, erwachsene, um 800–1000 g wiegende Igel erhalten etwa 80 g Futter pro Tag. Damit die Igel nicht zu faul werden und genügend Bewegung bekommen, sollte man ihnen das abendliche Futter möglichst erst 2–3 Stunden nach dem Erwachen geben. Sie werden dann unruhig herumlaufen und nach Futter suchen.

Am Morgen sind Futter- und Wasserschüssel gründlich zu reinigen, und die gefüllte Wasserschüssel wird wieder zurückgegeben. Verstreute Futterreste werden mit dem Kot beseitigt.

Schnecken und Regenwürmer sollten in Gefangenschaft wegen der Infektionsgefahr mit Parasiten grundsätzlich nicht verfüttert werden.

Aufzucht mutterloser Jungigel

Die Aufzucht mutterloser Igel ist nicht einfach. Sie erfordert viel Zeit und Geduld und das richtige Know-how. Freunde von mir hatten eine Igelfamilie unter dem Schuppen in ihrem Garten. Dann wurde eines Nachts die Mutter überfahren. Man merkte es daran, dass die kleinen Igel unter dem Schuppen hervorkamen und dabei sogar Teile ihres Nestes mitschleppten. Da sich das ältere Ehepaar nicht recht zu helfen wusste, fragten sie den Gärtner um Rat, der gerade Pflaster bei ihnen verlegte. Der erwies sich als engagierter Tierfreund. Er nahm die 7 jungen Igel und hatte sie fortan in einer Schachtel ständig bei sich im Auto, um sie auch während seiner Arbeit versorgen zu können. Er fütterte sie mit normaler Milch, die er den Säuglingen mit einer zusammendrückbaren Puppenflasche verabreichte. Unter diesen nicht idealen Bedingungen kamen am Ende nur 3 der Igeljungen durch.

Verwaiste Igel sind vielfach unterkühlt, wenn man sie findet. Bevor sie nicht aufgewärmt sind, hat es wenig Sinn, ihnen Futter anzubieten. Darum richten Sie als Erstes eine etwa 30 cm hohe Schachtel oder ein Körbchen von etwa Schuhkarton-Größe als Nest her. Eine dicke Schicht Zeitungen zuunterst isoliert und saugt Feuchtigkeit auf. Nun müssen Sie im Nest für eine Mindesttemperatur von 25 °C sorgen. Gut geeignet dafür sind Rotlicht- oder Infrarotlampen. Man kann aber auch eine normale Glühbirne (25–40 Watt) im Abstand von 25–30 cm über das mit einem Tuch bedeckte Nest hängen. Auch eine mit heißem Wasser gefüllte, mehrfach mit Tüchern umwickelte Wärmflasche, die Sie am Gesicht auf zuträgliche Temperatur geprüft haben, eignet sich als Wärmequelle. Sie hat den Vorteil, dass es weder zur Überhitzung noch zur Austrocknung der Igelbabys kommt. Elektrische Heizkissen sind zu heiß und sollten nicht verwendet werden. Die kleinen Igel deckt man dann locker mit einem Tuch zu. Bei Erwärmung durch Bestrahlung muss in Abständen immer wieder die Temperatur im Nest gemessen werden, sie sollte auf keinen Fall über 30 °C ansteigen. (Für alle Fälle sollten Sie den kleinen Igeln als Fluchtmöglichkeit einen freien Raum im Karton neben der Wärmequelle bieten.

Hygienischer als Korb und Handtuch sind Karton und Küchentücher, weil man sie jederzeit auswechseln kann.

Da Igelkinder von Kuhmilch sogar sterben können, muss man den Säuglingen mit abgekühltem Fencheltee angemachtes Esbilac oder Cimilac geben. Zuerst in der flüssigeren, nach dem Öffnen der Augen in der konzentrierteren Form, nach Gebrauchsanweisung. Eine Zugabe von etwas Futterkalk oder Osspulvit, Multivitamintropfen sowie Sonnenblumenöl oder Sahne beugt Verdauungsproblemen und Mangelerscheinungen vor.

Als Babyflasche dient eine Glaspipette mit Gummidrücker, wie sie für Medizinflaschen verwendet wird, oder eine Einwegspritze ohne Nadel. Auch eine Katzen-Milchflasche ist geeignet. Am besten nimmt man den kleinen Igel rücklings in die eine Hand und gibt ihm mit der anderen Hand die Pipette oder Flasche. Den Nachschub muss man so dosieren, dass sich das Baby nicht verschluckt und doch genug bekommt. Wenn es aufhört zu saugen (einschläft), hat es genug. Dann

muss man mit einem weichen Pinsel oder dem Finger noch das machen, was die Igelmutter mit ihrer Zunge nach dem Säugen macht: Bauch und After behutsam massieren, damit die Verdauung in Gang kommt. Die Ausscheidungen nimmt man mit einem Papiertaschentuch ab. Die ganze Aktion muss am Tag alle 2 Stunden, nachts alle 4 Stunden wiederholt werden. Täglich muss bei Igelkindern das Gewicht kontrolliert werden. Anfangs sollten sie im Durchschnitt etwa 5 g pro Tag, später etwa 10 g pro Tag zunehmen (siehe Kurve S. 14). Bis zu einem Körpergewicht von etwa 100 g gibt man die Flasche, anfangs in 10, später in 5–6 über 24 Stunden verteilten Mahlzeiten. Sobald die Igelkinder um 100 g wiegen, bekommen sie statt der Esbilac- oder Cimilac-Milch

• Hills Prescription Diet a/d (über den Tierarzt),
• oder mit Fencheltee zubereiteten Milupa-Zwiebackbrei,
• oder Hipp Säuglingsnahrung mit Fleischzubereitung püriert »ab 4. Monat«, die weder Milch noch Tomate enthalten darf,
• jeweils mit einer Prise Futterkalk und einem Tropfen Multivitamin.

Auch etwas frische Sahne kann der Futterschale zugegeben werden, wenn der Kot fest ist. Nach einigen Tagen kann man auch Hackfleisch oder entsprechend zerkleinertes rohes Hühnerfleisch zugeben. Sobald sich die Zähne zeigen, sind Mehlwürmer und kleine Stückchen Kat-

Katzen-Milchflasche oder Glaspipette sind geeignet, Igelsäuglinge zu füttern.

Für Igelkinder gibt es spezielle »Heilnahrung«; ein Brei aus Zwieback und Fencheltee ist Übergangsnahrung.

zen-Trockenfutter angesagt. Mehr und mehr feste Nahrung ersetzt dann den Brei, sodass die Jungen spätestens im Alter von 6 Wochen ganz auf Erwachsenenkost gesetzt werden können.

Ab einem Körpergewicht von 250 g sind Jungigel selbstständig. Geschwister sollten bei Beißereien getrennt werden.

Bedingungen für das Überwintern

In Mitteleuropa pflegen Igel von Oktober/November bis März/April ihren Winterschlaf zu halten. Wie eingangs schon gesagt, unterscheiden sich echte Winterschläfer wie Igel und Siebenschläfer von Tieren, die nur Winterruhe halten, dadurch, dass sie keine Nahrungsvorräte anlegen und im Normalfall während des gesamten Winters kei-

ne Nahrung zu sich nehmen. In wärmeren Regionen dauert der Winterschlaf des Igels weniger lang und wird wohl auch gelegentlich unterbrochen, sodass man den Igel zu den fakultativen Winterschläfern zählen muss.

Grundsätzlich ist es durchaus möglich, in Pflege genommene Igel ohne wirklichen Winterschlaf gesund durch den Winter zu bringen. Da der Winterschlaf aber keineswegs nur durch Nahrungsmangel, sinkende Temperaturen und kurze Tage ausgelöst wird (Faktoren, die im Haus ausgeschaltet werden können), sondern auch durch innere Faktoren wie Fettreserven und hormonelle Umstellungen im Zusammenspiel mit einer inneren Uhr, empfiehlt es sich, auch in Pflege genommenen Igeln die Bedingungen für einen – wenn auch vielleicht verkürzten – Winterschlaf zu bieten.

In der Regel haben wir es mit drei verschiedenen Arten von problematischen »Winterigeln« zu tun:

- Patienten aus dem Sommer, die bis zum Herbst noch nicht wieder ausgesetzt werden konnten,
- spät geborene Jungigel oder Unterernährte, die bei Wintereinbruch noch nicht das erforderliche Winterschlafgewicht von mindestens 700 g haben, und
- zu früh aus dem Winterschlaf Erwachte, die im Februar/März noch keine Nahrung finden.

So kleine Igel haben im Spätherbst geringe Chancen, den Winter ohne Hilfe zu überstehen.

Für alle drei Gruppen ist ihr Körpergewicht ein wichtiges Indiz dafür, ob sie Winterschlaf halten wollen/können oder nicht. Ohne eine gewisse Fettreserve ist Winterschlaf nicht möglich. Sommerpatienten, die im Herbst 1000 g und mehr wiegen, sind reif für den Winterschlaf. Alle Untergewichtigen müssen sich erst einmal die nötigen Reserven zulegen, bevor sie wintermüde werden. (In einzelnen Fällen kann sich das bis ins neue Jahr hinein ziehen.) Ein Kapitel für sich sind die wegen mangelnder Reserven oder durch Störung zu früh Erwachten; sie müssen behutsam an die Nahrungsaufnahme gewöhnt, also nicht für den Winterschlaf vorbereitet, sondern vom Winterschlaf entwöhnt werden.

Ein entscheidender Auslöser des Winterschlafs ist die Umgebungstemperatur. Bei Temperaturen unter 15 °C fallen Igel im Herbst leicht in Winterschlaf, auch dann, wenn sie das nötige Gewicht dazu noch nicht haben. Das kann gefährlich werden. Darum sollte man Untergewichtige bei 18–20 °C halten bis sie fett genug sind. Oder man stellt ihnen Wasser und eine Schale mit Trockenfutter (S. 58) in ihre Behausung, sodass sie zu fressen haben, wenn sie wegen verbrauchter Reserven aufwachen. Raumtemperatur und Körpergewicht müssen wir also besonders im Auge behalten.

Normalgewichtige Igel beginnen schon bei Raumtemperaturen um

20°C ihren Winterschlaf – oder auch nicht. In beiden Fällen empfiehlt es sich, sie in einen Raum zu bringen, der möglichst unter 10°C kühl ist. Wenn das Schlafnest gut gepolstert ist, können auch kräftige Minusgrade ertragen werden. In freier Natur können die Temperaturen selbst unter einem ordentlichen Reisighaufen ja auch weit unter den Gefrierpunkt sinken. Temperaturen zwischen 12 und 16°C sind im Winter gefährlich, weil die Tiere dann zu leicht aufwachen, aber keinen rechten Appetit entwickeln, um ihrem erhöhten Stoffwechsel die nötige Energie zuzuführen.

Ob und wann ein Igel winterschläfrig wird, erkennt man an verschiedenen Symptomen. Zum einen verweigert er einige Tage vorher jede Nahrungsaufnahme. Das hat einen guten Grund: Da während des Winterschlafs alle Stoffwechselvorgänge, also auch die Verdauung, bis fast auf Null heruntergefahren werden und außerdem eine Entleerung von Darm und Blase nicht möglich ist, würden Nahrungsreste im Verdauungstrakt zu faulen beginnen. Ein zweites Indiz dafür, dass sich ein Igel in Kürze zum Winterschlaf zurückziehen wird, kann ein torkelnder Gang sein, bei dem das Tier vielleicht sogar dann und wann zur Seite kippt. Da solches Verhalten aber auch auf eine Erkrankung schließen lassen kann, sollte man den Igel (und vor allem seinen Kot!) genau beobachten.

Im Spätwinter herumirrende, zu früh aus dem Winterschlaf erwachte Igel sind in freier Natur ziemlich sichere Todeskandidaten. Wenn wir sie in Pflege nehmen, müssen wir bedenken, dass ihr Organismus auf Fasten und niedrige Temperaturen eingestellt ist. Wenn möglich sollte man einen solchen Pflegling 1–2 Tage bei einer Umgebungstemperatur von nur 15°C halten und nur mit Wasser und Trockenfutter versorgen. Erst dann sind mäßige Zimmertemperatur und normales Futter (S. 56 ff) angesagt. Zunächst sollten aber nur halbe Portionen gegeben werden, die man über 4–5 Tage auf Normalportionen (etwa 50–70 g pro Tag) steigert. Hierbei beobachtet man den Kot der Tiere. Ist er weich, ist die Futterration zu verringern und statt Wasser kalter Kamillentee anzubieten. Bei länger anhaltendem Durchfall sollte der Tierarzt konsultiert werden.

Manchmal genügt der Schutz eines Baumes, um ein Winternest genügend trocken zu halten.

Versorgung während des Winterschlafs

Als echte Winterschläfer brauchen Igel während des Winterschlafs weder Nahrung noch Flüssigkeit. Eingerollt in ihrem Winternest sind alle Körperfunktionen auf ein Minimum reduziert, und ihr Lebensflämmchen wird nur von den Fettreserven genährt. Das heißt aber nicht, dass die Tiere völlig von Umwelteinflüssen abgeschottet wären. Massive Störungen und plötzliche Wärmeeinbrüche können sie aus ihrem Tiefschlaf ebenso aufwecken wie der vorzeitige Verbrauch ihrer Körperreserven. Für solche Fälle müssen wir bei Winterpfleglingen vorsorgen.

Von besonderer Bedeutung für einen möglichst ungestörten Winterschlaf sind Ort und Beschaffenheit der Winterbehausung. Eine belebte Wohnung ist kein guter Platz für winterschlafende Igel; sie ist zu warm und zu geräuschvoll. Ein kühler, möglichst trockener Keller eignet sich hingegen sehr gut. Als Behausung verwenden wir die auf S. 55 f beschriebene Kombination eines großen und eines kleinen Kartons – was allerdings voraussetzt, dass der Keller wirklich trocken ist. Auch muss zumindest die große Schachtel aus sehr kräftigem Karton sein. Die kleine, als Schlafstätte dienende Schachtel sollte für den Winterschlaf etwas geräumiger sein als ein Schuhkarton, damit genügend zerknüllte Zeitungen darin Platz haben, aus denen sich der Igel sein Winternest baut. Wer will, kann ihm auch natürlichere Materialien zum Bau des Winternestes anbieten: nicht zu grobes Heu, völlig trockenes Laub und dergleichen. Ein Nachteil gegenüber Zeitungspapier oder Küchentüchern: Man kann verschmutztes Nestmaterial nicht so leicht erkennen und auswechseln.

Besteht die Gefahr, dass am Winterstandplatz die Temperaturen stark unter den Gefrierpunkt absinken, sollte man vorsichtshalber zwei ineinander gesteckte Schachteln als Winternest anbieten, zwischen deren Wänden genügend Platz für eine Isolierschicht aus zerknüllten Zeitungen besteht. Bei aller Sorge um genügend Isolierung darf man aber nicht die nötige Belüftung vernachlässigen. Wenn auch die Atemtätigkeit stark reduziert ist, so braucht der Igel dennoch ausreichend Sauerstoff, und die mit Kohlendioxid und Wasserdampf angereicherte »Abluft« muss entweichen können. Darum schließen wir die Schachteln oben nur locker oder bringen oben und seitlich unten Luftlöcher an.

Ob man als Igelbehausung lieber Kartons oder Holzkisten verwendet, hängt davon ab, wie oft und wie lange man sie braucht. Holzkisten sind zwar haltbarer, aber schwierig zu säubern. Kartons be-

Neben ausreichenden Fettreserven sind genügend tiefe Temperaturen und ein ungestörter Platz Voraussetzungen für ungestörten Winterschlaf.

kommt man in jedem Supermarkt in allen Größen, sodass man sich jederzeit einen neuen besorgen kann, wenn der alte verschmutzt oder kaputt ist.

Nun mag man sich fragen, wozu denn beim winterschlafenden Igel die große Kiste überhaupt nötig ist, wo doch der Igel die ganze Zeit in der kleinen Schachtel verschläft. Für den Fall, dass der Schläfer doch einmal aus einem der genannten Gründen vorzeitig (das heißt vor etwa Mitte März) erwacht, muss er die Möglichkeit haben, außerhalb des Nestes Kot und Urin abzusetzen und bei Bedarf Nahrung und Wasser zu sich zu nehmen. Darum stellen wir ihm in die Auslaufschachtel je ein Schälchen mit Trockenfutter und Wasser. Als Trockenfutter genügen einige Katzenbrekkies oder Hundeflocken. Futter und Wasser sollten 2–3-mal wöchentlich kontrolliert werden, was sehr schonend zu geschehen hat, damit der Igel nicht aus dem Schlaf aufgeschreckt wird.

Wenn das Futter verschwunden ist, muss man abends kontrollieren, ob der Igel seinen Winterschlaf beendet oder nur kurz unterbrochen hat. Eine einfache Methode, die nächtlichen Aktivitäten des Igels zu kontrollieren, ohne ständig nachzuschauen, besteht darin, ein dünnes Papier (z.B. Klopapier) mit Klebstreifen vor den Einschlupf zu seiner Schlafstube zu kleben. Beim Verlassen seines Nestes zerreißt er das Papier. Wenn er in mehreren Nächten herumläuft und Futter nimmt, dann sollten wir ihn mitsamt seiner Wohnung an einen wärmeren Ort bringen und ihm auch größere Auslaufmöglichkeiten bieten, bis man ihn – wenn er gesund und der Winter vorbei ist – wieder in die Freiheit entlässt.

Verletzte Igel

Vor der Therapie steht die Diagnose, das gilt für pflegebedürftige Igel genauso wie für Menschen. An die erste Beurteilung der Lage sollte sich daher eine genaue Untersuchung des Tieres anschließen.

Äußere Verletzungen sind in der Regel leicht erkennbar: Blut, Wunden, gebrochene Gliedmaßen lassen sich meist auch ohne genauere Untersuchungen feststellen. Je nach Schwere der Verletzung und je nach eigener Erfahrung geht es mit einem solchen, meist im Straßenverkehr verletzten Igel nach Hause oder zum Tierarzt. Bei sehr schwer

Wenn ein Igel alle Viere von sich streckt, so ist das ein Zeichen von Wohlbefinden und reichlich Wärme.

verletzten Tieren muss man im Interesse der leidenden Kreatur auch zur Tötung bereit sein. Das ist ein Fall für den Tierarzt, der sowohl den Befund bestätigen als auch die einschläfernde Spritze verabreichen muss; das Tierschutzgesetz verbietet die Tötung von Wirbeltieren durch nicht dazu befugte Personen. Bei leichten äußeren Verletzungen, zu denen auch ein einfach gebrochener Fuß zählen kann, darf man, im Vertrauen auf die natürlichen Heilprozesse, bei etwas Erfahrung auch ohne Konsultation eines Veterinärs, die Pflege sich wohl zutrauen. Dabei sind folgende erste Schritte erforderlich:

• Tier gründlich untersuchen,
• offene Wunden behandeln,
• Parasitenbekämpfung, aber nur sofern die Verletzungen es zulassen (im Zweifelsfall auf später verschieben),
• an einem geeigneten Ort eine Igelwohnung herrichten,
• Wasser anbieten und geeignete Nahrung besorgen.

Wunden: Klaffende Wunden müssen vom Tierarzt versorgt (genäht) werden. Leichtere Schürf- und Schnittwunden mit warmem Wasser und Wattestäbchen vorsichtig säubern und mit Wundpuder (Refabacin oder Nebacetin) einstäuben oder mit Betaisodona-Lösung desinfizieren und gegebenenfalls Bepanthen oder Betaisodona als Heilsalbe auftragen.

Brandwunden: Beim Abbrennen von Reisighaufen oder Böschungen kommen alljährlich zahllose Igel ums Leben – oder man findet sie mit großen Brandwunden noch am Leben. Meist sind die Stacheln geschmolzen und bilden mit der verkohlten Haut eine Platte, die sich meist nach einer Weile von selbst löst. Nach Abtragen des Unterhautfettes durch den Tierarzt wird die Wunde mit reichlich Betaisodona-Lösung oder -Salbe und dann mit einem Brandgel behandelt.

Brüche: Gebrochene Beine beim Igel zu schienen oder anderweitig zu fixieren ist wegen ihrer geringen Größe und den Kräften beim Einrollen nahezu unmöglich. (Allenfalls kommt eine Nagelung infrage.) So heilen Gliedmaßenbrüche meist schief, was bei Hinterbeinen nicht tragisch ist, bei Vorderbeinen aber die Beweglichkeit so einschränken kann, dass man einen solchen Patient kaum wieder auswildern kann.

Säuberung und Ungezieferbekämpfung: Fast alle Igel haben Zecken und Flöhe, manchmal auch Milben. Und da sie sich nicht wie Fellträger

Flöhe und Milben können mit Insektenpulver bekämpft werden.

putzen und lecken können, sind sie oft auch ziemlich verschmutzt. Sie können damit leben. Es ist vor allem in unserem Interesse, sie von Schmutz und Parasiten zu befreien, wenn wir sie in Pflege nehmen. Bei offenen Wunden sollte aber das Säuberungsbad bis nach dem Abheilen verschoben werden – vielleicht ist es dann auch nicht mehr nötig.

Da Igel wasserscheu sind, halten sie gar nichts von einem Säuberungsbad – es lässt sich aber manchmal nicht vermeiden. Dazu füllen wir ein Waschbecken oder eine niedrige Plastikschüssel mit gut handwarmem Wasser. Auch an der tiefsten Stelle sollte der Patient immer noch stehen und die Nase über Wasser halten können. In das Wasser geben wir wenige Tropfen eines milden Badeshampoos für Hunde oder Katzen. Durch einen Zusatz von Sebacil (1 ml/l Badewasser) können in der Haut sitzende Milben bekämpft werden.

Setzen Sie nun den Igel – auch wenn er sich heftig wehrt – in das Bad und halten Sie ihn mit einer (behandschuhten) Hand dort fest. Schöpfen Sie so oft Badewasser über Rücken und Kopf des Tiers, dass es richtig nass wird. Dann bürsten Sie mit einer Spülbürste die stachelige Oberseite und vorsichtig auch die behaarte Unterseite. Nach dem Bad nüssen Sie den Igel in ein warmes Handtuch einwickeln; Föhnen ist verboten, da Igel durch die Zugluft oft eine Lungenentzündung bekommen, die meist tödlich endet.

Da durch das Säuberungsbad nicht alle Außenparasiten verschwinden, muss man später (nachdem sich der Igel von seinem Badeschreck erholt hat) mit der Pinzette noch einmal auf Zeckenjagd gehen. Da Igelzecken wenig fest sitzen, ist es in der Regel kein Problem, sie mit einer breiten Pinzette tief zu fassen und mit einem Ruck zu entfernen. Verwechseln Sie aber bitte nicht die 10 Zitzen am Bauch und die nabelartige Geschlechtsöffnung des Männchens mit Zecken!

Den restlichen Flöhen kann man den Garaus machen, indem man die Zeitungsunterlage und die Wände der Igelbehausung mit Ungeziefer-Spray für Katzen, Sebacil

Zecken kann man mit breiter Pinzette relativ leicht entfernen.

Wählt man ein flüssiges Insektenmittel gegen Parasiten, muss man beim Besprühen den Kopf schützen.

oder Bolfo besprüht, bevor der Patient sie bezieht. Bei starkem Befall muss diese Behandlung (ohne Bad) mehrmals wiederholt werden. Gegebenenfalls müssen Rücken und Bauch direkt besprüht werden, wobei aber das Gesicht des Igels mit einem Tuch abgedeckt werden muss.

Kranke Igel

Wie fast alle Wildtiere sind Igel »Lebensräume« für eine Vielzahl von Symbionten, Schmarotzern oder Parasiten. Die vor allem im Verdauungstrakt lebenden Symbionten (Bakterien und Einzeller) sind nicht nur harmlos, sondern wie unsere eigene Mund- und Darmflora lebenswichtig. Auch die meisten Schmarotzer, bei denen man Endo- und Ektoparasiten unterscheidet, also innen und außen lebende Parasiten, können einem gesunden Igel in der Regel wenig anhaben; sie mögen allenfalls lästig sein. Bei stärkerem Befall (der meist auf einen bereits geschwächten Organismus hinweist) können besonders die Innenparasiten die Gesundheit schwer schädigen oder sogar zum Tod führen.

Für den Igelpfleger ist es von entscheidender Bedeutung, Krankheiten rechtzeitig und richtig zu erkennen. Dazu muss er zunächst einmal wissen, wie ein gesunder Igel aussieht und sich verhält. Im Abschnitt »Was Igel munter und gesund erhält« finden sich etliche Hinweise auf normales, gesundes Aussehen und Verhalten. Viel wird aber jeder Igelpfleger aus der eigenen Anschauung und Erfahrung lernen müssen. Mit der Zeit bekommt man einen Blick, ein Gespür für gesunde und kranke Tiere.

Doch ist es mit der Feststellung »dem Tier fehlt etwas« nicht getan. Wenn wir nicht ständig zum Tierarzt laufen wollen, müssen wir uns schon etwas genauer mit den Symptomen und ihrer Diagnose beschäftigen. Hier können allerdings nur die häufigsten Igelkrankheiten, ihre Symptome und ihre Behandlung angesprochen werden.

Hustende Igel können nur eine leichte Erkältung, aber auch Lungenwürmer haben. Dauert der Husten an, wird er häufiger und wird der Atem rasselnd, nimmt der Appetit ab, tritt eine gewisse Kurzatmigkeit auf oder spuckt das Tier gar Blut, so ist mit ziemlicher Sicherheit ein Befall mit Lungenwürmern anzunehmen. Eine sichere Diagnose ist nur durch eine Kotuntersuchung möglich. Dazu sammelt man den Kot von 2–3 Tagen, verpackt ihn in Alufolie, Frischhaltebeutel oder Filmdöschen und schickt die Probe an das nächste Veterinär-Untersuchungsamt (Adresse von der Telefonauskunft oder vom Tierarzt). Geben Sie auf einem Begleitzettel Anschrift, Datum der Kotprobe und Gewicht des Igels an.

Parasiten haben fast alle Wildtiere. Zu starker Befall kann aber gesundheitliche Folgen haben.

Werden Lungenwürmer festgestellt, können Sie, gegebenenfalls nach Rücksprache mit dem Tierarzt, Tieren unter 500 g eine halbe Tablette und Tieren über 500 g eine ganze Tablette Telmin KH an 5 aufeinander folgenden Tagen pulverisiert unters Futter mischen. Eine andere Möglichkeit: Im Abstand von 2 Tagen eine 2,5%ige Citarin-L-Lösung in einer Dosierung von 0,1 ml/100 g Körpergewicht zwischen die Stacheln in die Rückenhaut spritzen. (Zum Spritzen die Haut etwas hochziehen – eventuell mit einer Pinzette – und in die entstehende Falte die Injektionsnadel einstechen.) Citarin sollte wegen der Gefahr einer Fehlgeburt nicht im Sommer bei Weibchen verwendet werden.

Neben Lungenparasiten sind Darmparasiten die häufigste Ursache für Igelkrankheiten. Das Symptom einer Darmerkrankung ist fast immer Durchfall. Auch hier muss eine Kotuntersuchung (siehe oben) Gewissheit über die Art der Erkrankung bringen. Neben Darmhaarwürmern *(Capillaria)* und Darmsaugwürmern *(Brachylaemus)* sind häufig Coccidien (etwa *Isospora)* die Ursache.

Coccidien sind mikroskopische Einzeller, die bei starkem Befall auch blutige Durchfälle verursachen. Da sich die Igel immer wieder am eigenen Kot infizieren, ist größte Sauberkeit geboten. Zur Behandlung wird Paraxin-Granulat oder Baycox empfohlen.

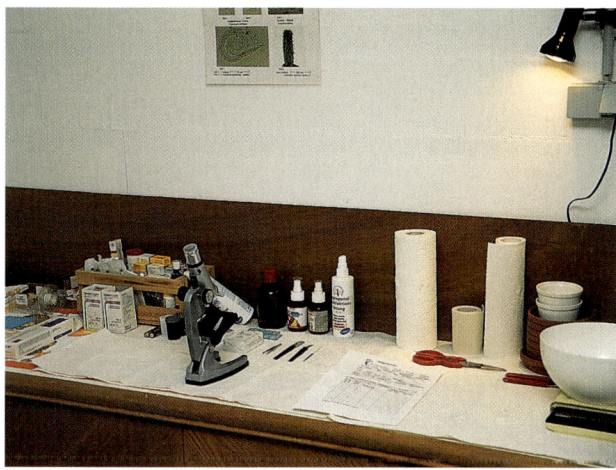

Darmwürmer, bei denen ebenfalls die Gefahr der Selbstansteckung durch Aufnahme von Kot besteht, werden ähnlich wie Lungenwürmer mit Telmin KH oder Citarin L behandelt. Durchfälle, die nicht auf Würmer oder Coccidien zurückgehen, lassen sich mit Luvos-Heilerde als Futterzusatz (etwa 1 Woche) gut bekämpfen.

Invalide Dauerpfleglinge

Durch falsche Ernährung, Vitaminmangel, zu wenig Bewegung kann es vor allem bei Igeln in Gefangenschaft zu dauerhaften Schäden kommen, zu teilweiser oder vollständiger Lähmung sowie zu teilweisem oder vollständigem Verlust der Stacheln. Zu den dauerhaften Invaliden muss man auch solche Igel rechnen, die erblindet sind,

Wer nicht ständig zum Tierarzt laufen will, tut gut daran, sich mit einigen Mitteln zur ersten Hilfe einzudecken und sich entsprechende Kenntnisse anzueignen.

ihren Geruchssinn verloren haben, keine Krallen mehr besitzen (zumindest an den Vorderpfoten), durch falsch verheilte Brüche oder Verlust von (vorderen) Gliedmaßen schwer hinken oder andere Behinderungen zeigen. Sie sind den Anforderungen des Freilandlebens nicht mehr gewachsen und brauchen dauernde Hilfe.

Im Sommer sollten solche Invaliden einen wind- und wetterfesten Unterschlupf im Garten bekommen. Ein Holzkistchen von etwa der Größe einer Schuhschachtel mit einem Einschlupf von 12 x 12 cm, innen mit zerknülltem, saugfähigen Zeitungspapier ausgestattet und an einem versteckten, regen- und windgeschützten Platz (unterm Hausdach, in einem offenen Schuppen ...) untergebracht, ist ein geeigneter Schlafplatz.

Da der behinderte Igel selbst in einem großen Garten nicht genügend Futter finden wird (wenn überhaupt), muss man ihn täglich mit dem auf S. 56 ff beschriebenen Futter und frischem Wasser versorgen. Damit sich am Futter nicht Katzen, Hunde, Marder, Mäuse und andere Tiere gütlich tun, muss es in einem Futterhäuschen angeboten werden, das nur durch den Igeleinschlupf von 12 x 12 cm zu erreichen ist. Futter- und Schlafkiste können kombiniert werden (S. 64) oder das Futterhaus kann separat stehen. Beide Kisten müssen mit abnehm-

Die Unterbringung eines Pfleglings im Garten hat den Vorteil naturnaher Bedingungen; der Schutz vor Feinden ist aber Voraussetzung.

barem Dach versehen sein, damit man sie jederzeit leicht reinigen kann.

Der Auslauf im Garten sollte so groß und abwechslungsreich wie möglich sein, muss aber mit 50 cm breitem, punktgeschweißtem, verzinktem Maschendraht, der 15–20 cm tief in den Boden eingelassen wird, ausbruchsicher gemacht werden, da ja ein Entkommen den sicheren Tod bedeuten würde.

Im Winter nimmt man den Patienten am besten ins Haus und überwintert ihn in der beschriebenen Weise (S. 64 ff).

Zurück in die Freiheit

Das Ziel jeglicher Igelhaltung ist die Wiederherstellung von Gesundheit und natürlicher Lebensführung innerhalb seiner Population. Am Ende aller Fürsorge und Freude an dem zutraulich gewordenen Hausgenossen steht also immer die Auswilderung.

Igel, die bereits Erfahrung mit den Mühen der Nahrungssuche in freier Wildbahn hatten, sind im Allgemeinen kein Problem. Da es sich bei ihnen meist um Verletzte oder um untergewichtige Herbstigel handelt, spielen hier nur Zeitpunkt und Ort der Auswilderung eine Rolle. Geheilte Patienten sollte man nur bis Anfang September im gleichen Jahr wieder aussetzen, damit sie noch genügend Zeit haben, sich Winter-

**Nach längerem Pflege-
aufenthalt muss der
Igel erst wieder an das
Leben in freier Wild-
bahn gewöhnt werden.**

speck anzufressen und ein geeig-
netes Winterversteck zu suchen.
Wenn ihr Gesundheitszustand im
September noch zweifelhaft ist,
sollte man sie lieber im Keller überwintern.

Als Ort der Auswilderung sollte
möglichst der Fundort gewählt werden. Falls das nicht möglich ist,
muss ein igelfreundliches Gelände
gesucht werden, wie es in der Ein-
leitung beschrieben wurde. Die
Randbereiche von Dörfern oder etwas »rückständige« Bauernhöfe
sind in der Regel gute Igel-Lebensräume. Dort bringt man den Igel
möglichst abends hin, sucht einen
Unterschlupf für ihn und richtet
ihm dort ein provisorisches Nest
aus Heu oder Wintergras. Etwas
ausgelegtes Futter erleichtert ihm
den Start in die Selbstständigkeit.
Überwinterte Igel geben wir dann

der Natur zurück, wenn der Früh-
ling richtig Einzug gehalten hat. Je
nach Gegend und Jahr kann das
zwischen Ende März und Anfang
Mai sein.

Komplizierter ist das Auswildern
von Igeln, die als Säuglinge in unsere Obhut kamen. Sie haben ja nie
gelernt, natürliche Nahrung unter
natürlichen Bedingungen zu suchen. Außerdem sind sie es nicht
gewöhnt, größere Strecken in unebenem Gelände zurückzulegen,
ihre Muskeln sind oft nicht ausreichend trainiert. Bevor wir sie aussetzen, müssen wir sie in einem
Freigehege entwöhnen und trainie-
ren. Am unproblematischsten ist
der Übergang vom Haustier zum
Wildtier, wenn der Hausgarten und
seine Umgebung als Igelrevier infrage kommt. Dann stellt man die
Igelbehausung auf die Terrasse oder

an einen anderen geeigneten Platz im Garten, sodass das Tier sich jederzeit frei bewegen, aber auch wieder zurückziehen kann.

Die Futterrationen werden immer mehr reduziert, bis die Fütterung nach 1–2 Wochen ganz eingestellt wird. Zusätzlich kann man Mehlwürmer und andere Nahrung im Gras oder unter Gebüsch ausstreuen, sodass ein Anreiz besteht, nicht nur im Futterschälchen nach Nahrung zu suchen.

Ob und wann man die Igelbehausung aus dem Verkehr zieht, hängt davon ab, ob und wie lange der Igel sie noch benützt und ob und wie lange wir ihn an Haus und Garten binden möchten. Grundsätzlich spricht nichts dagegen, dass die alte Igelwohnung eines Tages auch zur Kinderstube wird.

Wo der Igel nicht in der Nähe des Hauses bleiben kann (weil hier schon ein anderer Igel sein Revier verteidigt, oder weil Garten und Umgebung nicht igelgeeignet sind), muss man den ganzen Garten oder einen Teil davon so einzäunen, dass der Auswilderungskandidat genügend Gelegenheit hat, sich mit der Natur vertraut zu machen, ohne ihren Gefahren zum Opfer zu fallen. Sollte der eigene Garten nicht genügend Möglichkeiten bieten, auch die entsprechenden Nahrungstiere zu finden (Käfer, Würmer, Schnecken, Asseln ...), muss man bei Bekannten nach solchen Bedingungen für ein Trainingsgelände suchen. Zur Not kann man den Igel auch ohne Training an einem Ort mit besten Lebensbedingungen aussetzen, wenn man mindestens 1 Woche jeden Abend zusätzliches Futter auslegt. Neugier und Instinkte der Igel sind so kräftig entwickelt, dass sie auch ohne Freilanderfahrung meist rasch Nahrung und Unterschlupf finden.

Igelverstecke gibt es auch im Handel, einfachere Unterschlüpfe tun es aber ebenso.

Pflegeratgeber in Stichworten

Appetitlosigkeit: Täglich 2 ml (bei Jungigeln 1 ml) Boviserin oder Amynin oral verabreichen. Siehe auch Darm- und Lungen-Parasiten.

Aufrollen: Zur Untersuchung eines zur Kugel eingerollten Igels nimmt man ihn (mit Handschuhen) vorsichtig von beiden Seiten und biegt mit sanfter Gewalt die Bauchseite auf.

Augenerkrankungen: Treten oft als Folge eines akuten Vitamin-A-Mangels in der Ernährung auf. Häufig sind auch Linsentrübungen.

Auslauf: Minimumauslauf ist eine Kiste von 1 m² Grundfläche. Darüber hinaus brauchen Igel im Winter, sofern sie nicht schlafen, ein Gatter von mindestens 2 x 3 m oder freien Auslauf in Wohnung oder Keller. Im Sommer und vor dem Auswildern wird ein Gartengehege von mindestens 10 m² Grundfläche je Tier benötigt.

Auswildern: Nach Training im Gartenauslauf in geeignetem Lebensraum aussetzen und noch einige Tage mit Futter versorgen.

Babynahrung: Mit Fencheltee angemachtes Esbilac oder Cimilac; ab 100 g Körpergewicht Zwiebackbrei mit Fencheltee und Fleischzusätzen oder Rührei (S. 56 ff.). Zur Not kann auch eine Mischung aus gleichen Teilen Sahne und Fencheltee mit einer Prise Osspulvit gegeben werden.

Behausung: Futterkiste etwa 40 x 70 cm groß und 40 cm hoch, Schlafkiste etwa 35 x 25 cm groß und 20–25 cm hoch; beides mit Zeitungen ausgelegt.

Bespeicheln: Mit zurückgeworfenem Kopf werfen Igel gelegentlich schaumigen Speichel auf ihren Rücken, meist als Folge starker Gerüche oder eines kräftigen Geschmacks. Das Bespeicheln dient offenbar der Reinigung der Geruchsorgane und ist normal und nicht mit → Erbrechen zu verwechseln.

Brandwunden: Behandlung mit Betaisodona-Lösung oder -Salbe sowie Brandgel (S. 66).

Brüche: Gebrochene Beine beim Igel zu schienen oder anderweitig zu fixieren ist wegen ihrer geringen Größe und den Kräften beim Einrollen nahezu unmöglich. (Allenfalls kommt eine Nagelung infrage.) So heilen Gliedmaßenbrüche meist schief, was bei Hinterbeinen nicht tragisch ist, bei Vorderbeinen aber die Beweglichkeit so einschränken kann, dass man einen solchen Patient kaum wieder auswildern kann.

Darmparasiten: Bei Magerkeit, Appetitlosigkeit, weichem Kot, chronischem Durchfall, Herumschleichen und Torkeln besteht Verdacht auf Darmparasiten. Bestätigung durch Kotuntersuchung im tierärztlichen Labor. Behandlung von Darmhaar- und Darmsaugwürmern mit Citarin L, Telmin KH oder Mebenvet; Behandlung von Coccidien mit verträglichen Sulfonamiden (z. B. Baycox oder Borgal).

Von sich aus rollt sich ein Igel niemals ein und dreht sich auf den Rücken.

Durchfall: Tritt anfangs häufig und als Folge von Kuhmilchgenuss fast immer auf. Behandlung mit Schlämmkreide, zerriebener Tierkohle oder Futterkalk, dem Futter zugesetzt. Kann auch die Folge von Darm- oder Lungenparasiten sein.

Erbrechen: Bei Aufregung oder starkem Schaukeln (Herumtragen) erbrechen Igel leicht; es ist bedeutungslos (siehe auch Bespeicheln).

Familien: Mütter mit Jungen sind sehr störempfindlich. Bei Störungen am Nest verschleppen sie die Jungen oder beißen sie tot.

Fliegenmaden: Treten gelegentlich an offenen Wunden auf und sollten entfernt werden. Wenn sie in den Ohren sitzen, müssen sie mit 3 %iger Wasserstoffsuperoxidlösung oder einer Betaisodona-Lösung zum Herauskriechen veranlasst und mit der Pinzette abgesammelt werden. Siehe auch Wunden.

Flöhe: Durch Besprühen der Unterlagen mit Ungezieferspray für Katzen, mit Pluridox-Puder, Pyrethrum-Präparaten oder Sebacil bekämpfen (Säuberung). Das Auftropfen des systemischen Insektizids Tiguvon 10 % auf die Rückenhaut (1 Tropfen je 100 g Körpergewicht) führt zur völligen Abtötung aller Flöhe innerhalb von 24 Stunden; die Wirkung hält 4 Wochen an.

Futter: Standardnahrung ist eine tägliche Portion von 30–35 g Hackfleisch unter Zusatz von etwas Garnelenschrot oder spelzenreichen Futterhaferflocken sowie 1–2 Tropfen Multivitamin und etwas Heilerde; dazu 6–8 Mehlwürmer oder Maden sowie 10–15 Katzenbrekkies oder eine entsprechende Menge Igel-Trockenfutter. Das Futter sollte abends 2–3 Stunden nach dem Aufwachen gegeben werden (vorher soll der Igel möglichst viel herumlaufen).

Futtergeschirr: Flache, leicht zu reinigende Schälchen, z. B. glasierte Blumentopfuntersätze oder Weckglasdeckel.

Futterverweigerung: Sofern nicht die Folge eines Kälteeinbruchs oder Schocks, weist eine Futterverweigerung in mehr als zwei Nächten auf eine Erkrankung hin (➔ Kotkontrolle).

Igel sind zwar Einzelgänger, fressen aber auch gemeinsam aus einem Napf.

Gewichtskontrolle: Tägliches Wiegen ist für die Kontrolle der Gewichtszunahme bei jungen und untergewichtigen Igeln nötig; auch für die Dosierung von Medikamenten ist das Körpergewicht von Bedeutung. Untergewichtige sollten pro Woche 50g zunehmen. Jungigel sind mit 200–250g selbstständig und können Erwachsenenfutter (➔ Futter) bekommen.

Handhabung: Igel mit beiden Händen von den Seiten nehmen; Handschuhe oder ein Tuch schützen vor den Stacheln.

Husten: Andauernder Husten kann ein Zeichen für ➔ Lungenparasiten sein. ➔ Kotuntersuchung kann Gewissheit bringen.

Innenparasiten siehe ➔ Darm- und ➔ Lungenparasiten.

Körpergewicht: ➔ Gewichtskontrolle.

Körpertemperatur: Während der warmen Jahreszeit etwa 35°C, jedoch mit tageszeitlichen Schwankungen. Im Winterschlaf bis auf 1,3°C abfallend.

Kot: Normalkot besteht aus 5–10mm dicken, 40–60mm langen, trockenen Würstchen.

Kotuntersuchung: Bei Verdacht auf ➔ Darm- und ➔ Lungen-Parasiten müssen Kotproben von 2–3 Tagen an ein Veterinär-Untersuchungsamt eingeschickt werden.

Kräftigung: Mit dem Futter täglich 2–4ml Boviserin, je nach Gewicht.

Krallenpflege: Bei zu langen Krallen mit scharfer Nagelschere schräg von oben die Spitzen entfernen.

Lähmung: Als Folge von Parasitenbefall, falscher Ernährung, Vitaminmangel oder unzureichender Bewegungsmöglichkeit kann es zu Lähmungen kommen. Vorbeugende Behandlung durch Gabe von Multivitamin-Tropfen. Bereits eingetretene Lähmungen können erfolgreich mit Injektionen von Vitamin B-12-Komplex behandelt werden. Laufbehinderungen können aber auch die Folge zu langer Krallen sein (➔ Krallenpflege).

Lungenparasiten: Häufig hustende, rasselnd atmende oder Blut spuckende Igel haben oft Lungenhaarwürmer oder durch Schnecken übertragene Lungenwürmer. Bestätigung durch ➔ Kotuntersuchung beim Veterinär-Untersuchungsamt. Behandlung: Injektion von 0,1 ml / 100 g Igelgewicht einer 2,5%igen Citarin-L-Lösung im Abstand von 2 Tagen unter die Rückenhaut oder 1/4 bis 1 Tablette (je nach Körpergewicht) Telmin KH 5 Tage pulverisiert im Futter.

Milben: Behandlung durch ➔ Säuberungsbad mit Sebacil-Zusatz.

Milch: Kuhmilch ruft bei Igeln Durchfall hervor und darf nicht gegeben werden. Allenfalls Sahne als Zusatz zur ➔ Babynahrung.

Ohrenentzündung: Häufig die Folge von Milbenbefall im Ohr. Behandlung: Die Igelbehausung mit Sebacil, Bolfo oder Ungezieferspray für Katzen besprühen. Bitte nur im akuten Fall direkt ins Ohr sprühen, dabei Nase und Augen schützen.

Die richtige Methode, das Körpergewicht zu kontrollieren, erspart einem manchen Ärger.

Bei der Krallenpflege ist es wichtig, schräg und nicht zu tief (ins »Leben«) zu schneiden.

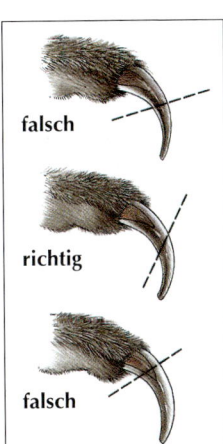

falsch

richtig

falsch

Parasiten: Siehe ➔ Flöhe, ➔ Milben, ➔ Zecken sowie ➔ Darm- und ➔ Lungenparasiten.

Pfleglinge: In Pflege genommen werden dürfen nur untergewichtige Igel (500–800 g) ab Oktober, verwaiste Jungigel sowie kranke und verletzte Igel. Nach Wiederherstellung der Vitalität müssen Igel wieder ausgewildert werden.

Säuberungsbad: Bedeutet für den Igel großen Stress, also nur bei sehr starker Verschmutzung. Das Tier in 10 cm tiefem, handwarmem Wasser unter Zusatz von einigen Tropfen Spezialshampoo für Heimtiere und etwas Sebacil-Lösung (1 ml auf 1 Liter Badewasser) durch mehrfaches Übergießen gründlich durchnässen und mit Spülbürste behutsam abbürsten. Danach in warmem, zugfreiem Raum trocknen (nicht föhnen). Stark geschwächte oder unterkühlte Igel müssen vor dem Bad aufgewärmt und eventuell mit Wasser und Nahrung gestärkt werden.

Igel kommen lange ohne Wasser aus.

Schnecken: Gehören zwar zur natürlichen Nahrung der Igel, sollten in Gefangenschaft aber nicht verfüttert werden, da sie Lungenwürmer übertragen.

Stachelausfall: Kahle Stellen können durch ➔ Milben oder Vitaminmangel verursacht sein. Behandlung mit Multivitamin- und Spurenelement-Präparaten (z. B. Murvul, Osspulvit) sowie Biotin. Geringer Stachelausfall und Stachelwechsel bei Jungtieren ist normal.

Temperatur: ➔ Körpertemperatur, ➔ Umgebungstemperatur.

Tollwut: Kommt bei Igeln äußerst selten vor; Beißen, schaumiger Speichel (➔ Bespeicheln) etc. sind keine Anzeichen von Tollwut.

Trinken: Nur frisches ➔ Wasser oder Kamillentee, keine Milch.

Umgebungstemperatur: Im Sommer 18–22 °C am Boden; bei Winterschlaf unter 10 °C; eine Temperatur zwischen 12 und 16 °C ist im Winter zu vermeiden (s. S. 63).

Ungeziefer: Siehe ➔ Flöhe, ➔ Milben, ➔ Zecken.

Wasser: Frisches Wasser oder Kamillentee sollten das einzige Getränk für Igel sein (keine Milch). Obwohl Igel schwimmen können, gehen sie ungern ins Wasser.

Wunden: Klaffende Wunden müssen vom Tierarzt versorgt (genäht) werden. Leichtere Schürf- und Schnittwunden mit warmem Wasser und Wattestäbchen vorsichtig säubern und mit Wundpuder (Refobacin oder Nebacetin) einstäuben oder mit Betaisodona-Lösung desinfizieren und gegebenenfalls Bepanthen oder Betaisodona als Heilsalbe auftragen.

Zahnstein und Zahnfleischerkrankungen: Ältere Igel leiden oft an Zahnstein, was lockere Zähne und Zahnfleischentzündungen zur Folge hat. Beläge können mechanisch entfernt und mit Pyralvex, Hexoral oder Unguforte-PBS-dentale nachbehandelt werden.

Zecken: Mit breiter Pinzette tief erfassen und mit einem Ruck herausreißen; die Köpfe bleiben bei Igelzecken selten zurück.

Literatur

Neumeier, M.: Igel in unserem Garten. Franckh-Kosmos, Stuttgart, 1996

Poduschka, W., E. Saupe und H.-R. Schütze: Das Igel-Brevier – Richtlinien zur vorübergehenden Pflege des Igels. 1984

Rheinisch Westfälische Igelfreunde (RWI): Hinweise zur Betreuung und zum Schutz des Igels. Wipperfürth, o.J.

Saupe, E. und W. Poduschka: Igel; in: K. Gabrisch und P. Zwart (Hrsg.): Krankheiten der Haustiere. Schlütersche, Hannover, 1990

Adressen

Bezug von Igelhäusern

Heissner-Igelhaus
Schlitzerstraße 24
D-36341 Lauterbach

Gartenbedarf-Versand
Richard Ward
Günztalstraße 22
D-87733 Markt Rettenbach

Schwegler-Igelkuppel
Heinkelstraße 35
D-73614 Schorndorf

Taracell-Igelhaus
R. Meiers Söhne AG
Fahrbachweg 1
CH-5444 Künten

Überregionale Vereine

Pro Igel e.V.
Lilienweg 22
D-24536 Neumünster
Tel. 04321/31856
Fax 04321/939479

Pro Igel
Postfach 77
CH-8932 Mettmenstetten
Tel. 01/7682075, Fax 01/7670811

Igelfreunde Österreichs
Sonnenweg 5
A-5300 Hallwang
Tel. 0662/663125

Regionale Vereine

Igelfreunde Sachsen-Anhalt im Kulturbund e.V.
Erich-Mühsam-Str. 7
D-06886 Lutherstadt-Wittenberg
Tel. + Fax 03491/612776

Igelhilfe Berlin e. V.
Elsenpfuhlstr. 49
D-13437 Berlin
Tel. 030/4110117

Arbeitskreis Igelschutz Berlin e.V.
Berliner Str. 79a
D-13467 Berlin
Tel. 030/4049251
Fax 030/4049409

Igel-Schutz-Initiative e.V. Hannover (IGSI)
Ohestraße 12, D-30880 Laatzen
Tel. 0511/233161
Fax 0511/221774

Igelschutz-Interessengemeinschaft e.V.
Am Kohlenmeiler 180
D-42389 Wuppertal
Tel. + Fax 0201/716427

Arbeitsgruppe Igelschutz Dortmund
Hagener Straße 172
D-44229 Dortmund
Tel. 0231/175555

Rheinisch-Westfälische Igelfreunde e.V. (RWI)
Postfach 100627
D-51608 Gummersbach
Tel. + Fax 02133/73489

Verein der Igelfreunde Stuttgart und Umgebung e.V.
Talblick 10
D-71543 Stocksberg
Tel. 07130/9837
Fax 07130/8026

Igelschutz-Interessengemeinschaft e. V.
Stämmesäckerstraße 92
D-72762 Reutlingen
Tel. 07121/337746

Igelhilfe Schwaben e. V.
Nibelungenring 40
D-86356 Neusäß
Tel. 0821/467569
Fax 0821/452087

Igel-SOS Donau-Ries e. V.
Am Keseldamm 1
D-86609 Donauwörth
Tel. + Fax 0906/21649

Verein der Igelfreunde e. V.
Wallensteinstraße 50
D-87700 Memmingen
Tel. 08331/494318
Fax 08331/74515

Igel-Hotline

24-Stunden-Ansagedienst für jahreszeitlich abgestimmte Informationen über Igel

Deutschland:
Tel. 08382/3021 und
08382/6023

Schweiz:
Tel. 01/7682075

Register

Die Deutsche Bibliothek –
CIP-Einheitsaufnahme

Ein Titeldatensatz für diese
Publikation ist bei Der Deutschen
Bibliothek erhältlich.

BLV Verlagsgesellschaft mbH
München Wien Zürich
80797 München

© 2001
BLV Verlagsgesellschaft mbH,
München

Umschlaggestaltung: Studio Schübel
Umschlagfotos:
Vorderseite groß: Reinhard
Vorderseite klein (von oben nach
unten): Reinhard, Pforr (3x)
Rückseite: Pforr

Lektorat: Dr. Friedrich Kögel
Konzept/Layout: Volker Fehrenbach
Herstellung: Hermann Maxant

Reproduktion: Repro Ludwig,
Zell a. See
Druck und Bindung: Neue Stalling,
Oldenburg
Gedruckt auf chlorfrei
gebleichtem Papier

Printed in Germany
ISBN 3-405-16015-4

Bildnachweis

Danegger: 19o, 20, 25o, 41o, 47,
50, 54
Igelhilfe e.V.: 15, 17o, 17M, 17u,
55, 57, 65
ipo Bildagentur: 13ur
Labhardt: 23o
Pforr: 1, 4, 5 Mu, 5u, 6, 8, 13ul,
13o, 18, 19u, 23u, 24, 25ur, 26,
31, 32, 33, 35, 36, 40, 53, 59, 60,
61, 62, 63, 67o, 71, 73

Reinhard: 2/3, 5o, 5 Mo, 7o,
7u, 10, 11, 12, 14, 16, 22,
25ul, 27, 28, 29, 34, 37, 39,
41u, 43, 44, 46, 48, 51, 66,
67u, 69, 72, 74, 75, 76
Zeininger: 9

Grafiken:
Janiček: S. 14
Walter: S. 52
Reinhardt-Schmidt: S. 56, 75

Die Natur aktiv entdecken

Veronika Straaß
Natur erleben das ganze Jahr
Das Erlebnisbuch für die ganze
Familie – zum Blättern und Stau-
nen, zum Vor- und Nachlesen:
die Natur im Jahreslauf bewusst
wahrnehmen und aktiv entdecken.
Mit Beobachtungstipps, Anleitun-
gen zum Spielen und Experimen-
tieren, Rezepten u.v.a.m.

Chris Kightley / Steve Madge /
Dave Nurney
Taschenführer Vögel
Der umfassende, preiswerte
Führer: 386 Vogelarten mit über
1500 Farbzeichnungen und Infor-
mationen zu Kennzeichen, Lebens-
raum, Verhalten, Ruf, Gesang.

BLV Naturführer
Michael Lohmann
Tiere in Wald und Flur
Der ideale Begleiter auf jedem
Spaziergang: Säugetiere, Amphi-
bien und Reptilien im Porträt –
von Salamander und Frosch bis
Marder und Reh.

Mario Ludwig u.a.
Neue Tiere und Pflanzen
in der heimischen Natur
Neubürger in Flora und Fauna
bestimmen: Tiere und Pflanzen,
die aus anderen Ländern oder
Kontinenten eingewandert sind,
mit Merkmalen, ursprünglicher
und heutiger Verbreitung, Bio-
logie und Auswirkungen auf
Lebensgemeinschaften.

Björn Siemers / Dietmar Nill
Fledermäuse.
Das Praxisbuch.
Per Echolot auf Beuteflug – der
Fledermaus-Report: das erste
Praxisbuch für die vielen Fans
des Kulttiers, aktive Natur-
freunde und Tierschützer.

Josef Blab / Hannelore Vogel
Amphibien und Reptilien
erkennen und schützen
Lurche und Kriechtiere kennen-
lernen: Kennzeichen, Entwicklungsstadien, Lebensraum-
ansprüche, Wanderungen,
Nahrungserwerb, Angaben zu
Gefährdung und Schutz, Be-
obachtungstips.